教育部人文社会科学研究规划基金项目“伦理诗学中的民族性问题研究”（批准号：17XJA751004）、甘肃省哲学社会科学规划项目“丝绸之路文化间性关系研究”（批准号：YB031）成果

文学文化与公共阐释

张同胜 著

中国社会科学出版社

图书在版编目(CIP)数据

文学文化与公共阐释／张同胜著.—北京：中国社会科学出版社，2020.4

ISBN 978-7-5203-5837-8

Ⅰ.①文… Ⅱ.①张… Ⅲ.①文化史—中国—古代—文集 Ⅳ.①K220.3-53

中国版本图书馆CIP数据核字（2019）第294410号

出版人 赵剑英
责任编辑 刘志兵
责任校对 水 木
责任印制 李寡寡

出 版 中国社会科学出版社
社 址 北京鼓楼西大街甲158号
邮 编 100720
网 址 http://www.csspw.cn
发行部 010-84083685
门市部 010-84029450
经 销 新华书店及其他书店

印 刷 北京明恒达印务有限公司
装 订 廊坊市广阳区广增装订厂
版 次 2020年4月第1版
印 次 2020年4月第1次印刷

开 本 710×1000 1/16
印 张 13.75
插 页 2
字 数 180千字
定 价 69.00元

目　录

小引

丝绸之路，驼铃声声，建构了族群文化接触、碰撞、融合的音景。往事越千年，虽然驼铃声已逝去，时间却留下了文物、习俗、艺术、文学的印记。这些符号追忆着丝路文化的流风遗韵，敞开了意义阐释的空间。

《灰阑记》讲了一个两妇争子的故事。这个故事在古印度、两河流域都渊源有自。元代，杂剧不仅语言杂糅，而且故事亦具东西方文化杂合之遗痕。明清戏曲里《灰阑记》的不在场，与它在西欧剧场里的上演和续作，表明了文化旅行在异域时空的后生命形态。

撒马尔罕古城大使厅的壁画里，描绘了粟特人对唐高宗射豹、武则天泛舟的想象。帝王的武勇、王后的服饰，言说着粟特人对天皇天后形象的自我投射。

敦煌文书中以“奴”结尾的名字，并非表明其身份，而是深受粟特人起名习俗之影响。粟特人是行走在丝绸之路上的商人，他们取名的惯习竟然影响了游牧民族、大江南北。

大唐王朝的诸多时尚，如赏花、斗鸡、胡旋舞等，与西域文化，尤其是琐罗亚斯德教有着千丝万缕的联系。朝廷放赦，树金鸡，因为鸡是琐罗亚斯德教中的善禽，是引导灵魂的斯劳沙，是战神室建陀的标识。从这个角度来说，斗鸡不再是玩物丧志的游戏，而是政治或宗教活动。

如此等等，可以见出，人类的文化是在间性、互文性中发展的。

分类研究是一种重要的研究方法，然而，民族文化间的接触、交流和杂合，导致对问题的具体分析，难以仅仅从某一种文化专论。伏羲女娲对偶图、《莺莺传》的命名、水浒人的绰号、脂评的特征、沈从文的身份认同等问题，尽管隶属于民族文化的范畴，但也要在间性视域中来审视。

文化的研究需要阐释。伽达默尔创立的哲学诠释学，探讨的是理解何以可能的问题。它是本体论的阐释学，不是认识论的诠释学；它探讨意义何以生成，而批判自然科学研究范式的方法论。然而，它侧重于主体的个体性理解，相对来说，忽视了阐释的社会性、时代性和公共性。2017 年，张江教授提出“公共阐释”论，引领了当下对阐释学的讨论、丰富和发展。《文学经典的质性与阐释的公共性》《公共阐释、情感结构与知人论世》《作为公共阐释的文学史与文学记忆》是一组探究公共阐释的论文，探析互相理解的条件、阐释的时空结构和意识形态性等问题。在建构中国特色话语体系的新时代，希望它们成为“预流”的努力。

马克思主义具有鲜明的实践性。由于意义的阐释具有实践性，因而阐释世界在某种意义上也是改造世界。具体到文化的阐释，丝绸之路上的文化交流与民族文化之间的渗透影响，实质上都是列宁所要求的研究问题应回到问题域，从而对问题的探讨就具有了实事求是、考镜源流的品质。

公共阐释

文学经典的质性与阐释的公共性

理解是人类的存在方式，而阐释又是理解的进行方式。“阐释学传统坚持认为，理解和意义纯属个人的事；不同民族的不同兴趣、不同立场、不同信仰和不同价值造成了对这一传统的理解和阐释。”[①]这种观点显而易见是偏颇的，只见一隅，未见全面。它忽视了人的社会性和时代对人理解的限定性。

伽达默尔的哲学诠释学，是本体论的阐释学，它探讨的是理解何以可能的问题，侧重于意义生成的前有结构和个体主体理解的此在性、事件性和效果历史性。然而，时代性精神、思想和主流的意识形态等作为公共话语，以及与之相关的一系列价值观、审美观、词汇、表达方式等共同构成了一个时代性的阐释结构，而对它的公共性研究迄今为止尚未进行系统而深入的讨论，因而张江教授“公共阐释”论[②]的提出，无疑就有其必要性、创新性和重要性。

当然，西方学者所认为的阐释是个体的、具体的、社会性的也自有其真理性，因为正如伽达默尔所指出的，“如果我们有所理解，我

---

① ［英］马尔科姆·巴纳德：《理解视觉文化的方法》，常宁生译，商务印书馆 2005 年版，第 10 页。

② 张江：《公共阐释论纲》，《学术研究》2017 年第 6 期。

们都是以不同的方式在理解”[①]。但是，这是不是就否定了阐释的公共性呢？并非如此。伽达默尔指出，人们的理解方式各不相同，从而理解皆为此在；然而，此在总是具体历史条件中的实践，这种社会性实践具有公共性；能被理解的存在就是语言，语言具有公共性；“人同此心，心同此理”。

一　文学经典的生成与阐释的公共性

文学经典，无论是古今中外，与其说是天生丽质，不如说是后天养成。譬如说罢，莎士比亚戏剧在今天的世界文学中是无可置疑的经典之作，可是在作者活着的时候，其戏剧作品被大学才子派蔑视为“低俗”。即使是今天，依然有读者指出其戏剧文本中充满了淫秽的暗喻或庸俗的喧哗，而这也是无可否认的事实。即使它已经被认可为全球性的文学经典了，托尔斯泰还是公开表达自己不喜欢莎士比亚的戏剧作品。莎士比亚诗剧原文，即使是现代英国人也需要文白翻译才能阅读。但所有这些，并没有影响莎士比亚戏剧依然是世界性的文学经典。不管是以何种形式的在，只要它在，就表征着其经典性。

莎士比亚戏剧的经典化不是绝无仅有的现象。福楼拜与费多根据一件时事进行了文学创作，福楼拜撰写的《包法利夫人》，与费多创作的《法妮》同时问世，可是《法妮》一出版就成为畅销书，好评如潮，而《包法利夫人》不仅很少人阅读，其作者还被传唤到了法庭，罚款五千法郎，罪名是这部书“破坏社会道德和宗教”，宣传淫秽思想，恶化人伦道德。原来有读者起诉这本书里面有色情描写，从

① ［德］伽达默尔：《真理与方法》，洪汉鼎译，上海译文出版社2004年版，第383页。

而“有伤风化”。法庭上，经过一番激烈的辩论，在律师的帮助下，福楼拜虽然被宣告无罪释放，但是作者的精神还是受到了创伤，他的小说也饱受批评。可是，在今天，《包法利夫人》却是世界著名文学经典之一。

外国文学经典的情况是这样的，那么中国古代的文学作品中是不是也存在类似的问题呢？《水浒传》在明末和清代被朝廷列为禁书之一。《西厢记》《金瓶梅》《红楼梦》等在古代中国社会里则被视为“诲淫”之作。可是，自20世纪以来，受西学东渐的影响，小说、戏曲登上了大雅之堂，它们日渐被中国文学史认可为文学经典。

看来，文学经典并不是天生的，文学作品的经典性是一种生成、操作和建构。那么，它是如何被建构的呢？下面就以《水浒传》这部富有争议的小说的经典性的生成历史作为一个集中探讨的个案，来摸索文学的经典性与阐释的公共性之内在的关系。

水浒好汉的故事，以口述—耳听的传播形式兴盛于宋、金、元的勾栏瓦舍之中。南宋有《武行者》《青面兽》《花和尚》《石头孙立》等说话名目。金院本、元杂剧中则有宋江、李逵、燕青等众多好汉的故事。而其文字文本的形成，则经历了历史的累积才最后成书。元代刊本《大宋宣和遗事》，故事虽然仅有梗概，但是叙事框架已具雏形。明代嘉靖初年的《水浒传》是较早出现的雕版印刷本之一。明神宗以及当时的文人墨客都喜读水浒故事。可是，明末农民暴动之际，士大夫开始上书请求朝廷严禁此书的刊印。清朝的康熙、雍正、乾隆、嘉庆、道光等皇帝都曾谕令禁止《水浒传》的刊刻、流传。此乃一个极端，是政治使然。另一个极端则是它广受社会市民阶层的喜爱，如明末柳麻子说“水浒”，可以为其作稻粱谋。杭州世代流行王氏“说武松”。草莽民间流行着水浒戏……也就是说，水浒故事为人们所喜闻乐道。虽然如此，在明清时期，《水浒传》成为文学经典了吗？事实是，《水浒传》在明清时期不是经典。因为在当时文人士大夫眼中，经典指的是儒家的经书圣典，而文学经典则是诗、文之高雅文学。至于戏曲、小说等俗文学，则是“小道”。

20 世纪初，受到了西方文学史及其小说（Novel）、话剧（Drama）等现代文体意识的影响，中国古代的小说、戏曲在文学地位上实现了鲤鱼跳龙门的身份转变。新文化运动的知识分子倡导平民文学，反对贵族文学；提倡白话文，反对文言文。因此作为白话文的典范，金圣叹评点本《水浒传》为当时新文化运动中倡导白话文学的知识人所称赏。

但是，那时候主流的意识形态是资产阶级的权力话语，从而从“人性”的角度来看，这部小说仍然有诸多缺点。周作人将《水浒传》归为“强盗书类”，认为它是“非人的文学”。胡适也认为《水浒传》“够不上人的文学”。虽然在这一历史时期，《水浒传》《三国演义》等白话通俗文学成为学术研究的对象，然而，其文学的经典性尚有争议。其实，争议本身也是经典性题内应有之义，即只要它有利用的价值，无论是正还是反，都是在世的方式，都是不死的生命力之表现。

《水浒传》《三国演义》《西游记》《红楼梦》等真正被普遍认定为文学经典，是参照西方文学史编纂中国文学史、白话文运动、文学改良和革命等的结果。直到新中国建立之后，这些文学作品才真正被看作“经典”。《水浒传》曾被解读为“农民革命的史诗”，而其他文学作品主题思想的归纳和总结也是在阶级斗争阐释框架中展开的。主流的意识形态可以作为阐释模式的一种共性因素，从而一致的意识形态语境中文学作品的解读往往会得出相似甚至是相同的结论来，如苏联评论家罗加乔夫在《〈水浒传〉俄文版再版后记·记施耐庵的作品》中也认为，《水浒传》是以现实主义的方法来描写农民战争。

《水浒传》是如何从禁书成了文学经典的呢？简言之，是新中国成立后马克思主义的主流意识形态的作用，诸如“人民性”“阶级性”“革命性”“民主性”“进步性”“现实性”“政治性第一”等共同建构了一个强势的、主流的和官方的诠释结构和模式。这个阐释模式具有公共性，如阶级立场的不同，使得《水浒传》从封建文人眼中的“诲盗之书”转变成了新中国知识人所理解的“农民革命的史诗”，从而成为中国文学史所选择的文学作品，在此阐释框架下所看到的思想性便具有了惊人的一致性。

文学作品进入文学史，是其经典化的重要途径之一。文学史之于经典化的作用是巨大的，功效是明显的，因为对这部文学经典的阐释进入了知识体系之内。20 世纪 50 年代至 70 年代，文学史的指导思想、关键词、时代性话语、编纂模式、所选文本等都体现了阐释的公共性。北京大学中文系文学专门化 1955 级集体编著的《中国文学史》，1962 年由中国社会科学院文学研究所主编的《中国文学史》，1963 年由游国恩、王起、萧涤非、季镇淮和费振刚主编的《中国文学史》等就是那个时代主流意识形态的产物，是阶级论的具体而微的化身。同时，它们又作为知识的载体，为广大人民所学习、研讨和体认，以公共话语的身份展现时代性精神的公共性。

或云，《水浒传》之所以成为经典，是由于中国共产党伟大领袖毛泽东酷爱读《三国演义》《水浒传》《红楼梦》等长篇白话章回小说。其实，这种说法和看法是很肤廓和片面的。因为，上述这些通俗小说之所以成为文学经典，并不是由某一个人的个人喜好所决定的，而是决定于时代性的主流意识形态、阶级立场和审美观念。

毛泽东认为，只有人民，才是创造世界历史的动力。他教导我们：“在中国封建社会里，只有这种农民的阶级斗争、农民的起义和农民的战争，才是历史发展的真正动力。”① 他在《在延安文艺座谈会上的讲话》中曾经指出，“一切文化或文学艺术都是属于一定的阶级，属于一定的政治路线的”②。马克思主义的立场、观点和方法成为伟大时代的指导思想，并构建了一个时代性的公共阐释结构，从而在此结构透视之下，古代中国小说几乎毫无例外地都是阶级斗争理论的深入而具体的解读。1954 年，《水浒传》120 回本由人民文学出版社付梓刊行。下半年，冯雪峰在《文艺报》上连载《关于回答〈水浒〉的几个问题》，从理论上论证了《水浒传》的主题思想是“农民起义”说。

在整个时代的思潮中形成的阐释框架，对每一个人都是有影响的，即使旧时代的文人学士的认知和思维方式已经固化，他们也要竭力学习、跟上新时代的阐释模式。例如，1959 年，王季思说：“在我的教学思想与文艺思想上确实还残留着不少资产阶级的东西，如对古典文学作品里的一些消极颓废思想没有严格批判，而对某些作家作品在艺术表现上的成就过分宣扬。这些都是同志同学们在批评会上多次给我指出，同时也是我所能够接受的。”③ 王季思认可学生对他的批评，只是在程度上有保留，从而表明时代性理解的公共性。当时的知识分子，是十分真诚地学习马克思列宁主义，并将其作为改造自己思想的指针，来阐释文学史现象和问题的。

以时代性精神为内涵的公共阐释，具有对具体文学作品解读的指导性和引导性。1978 年 12 月，中共中央召开了十一届三中全会，提

① 毛泽东：《中国革命和中国共产党》，《毛泽东选集》第 2 卷，人民出版社 1991 年版，第 625 页。

② 毛泽东：《在延安文艺座谈会上的讲话》，《毛泽东选集》第 3 卷，人民出版社 1991 年版，第 865 页。

③ 王季思：《有没有这样的线索和标准？——关于我的〈宋元文学史讲义〉的批判的答辩》，《文学评论》1959 年第 3 期。

出了解放思想、拨乱反正和改革开放的新决策。20世纪70年代末80年代初，欧阳健、萧相恺提出了《水浒传》是为“市井细民写心”的观点。在《〈水浒〉“梁山泊聚义”性质辨》中，欧阳健和萧相恺论证了其“市民”说：《水浒传》中的“梁山泊聚义”不同于历史上的宋江起义；水浒好汉是“官逼民反”，其中的“民”主要不是农民而是“侠盗”；“替天行道”并不代表农民的根本利益，因而“从本质上讲，是一种缺乏明确目标的游民无产者的旗帜，它没有确定的阶级内容，因而能随时赋予不同的含义”①。

新时期以来，学术界重提“文学是人学”，人性论成为文学阐释的大纛。20世纪80年代，中国大陆兴起了“重写文学史”的思潮。1987年，章培恒、骆玉明以“人性论”为指导，重新撰写了一部中国文学史。“文学的进步与人性的发展相联系”是章培恒、骆玉明主编的《中国文学史》的基本线索。在此思潮之下，陈洪、孙勇进《漫说水浒》，王学泰、李新宇《水浒传与三国演义批判：为中国文学经典解毒》，刘再复《双典批判》等文都从“人性”的角度对《水浒传》和《三国演义》等文学经典进行了严厉的批判。一种普世的人学思想、人性论又成为新时期以来人们阐释文学经典的公共的思想资源、前有结构和诠释模式，即成为新时期公共阐释的一个理论框架。

《水浒传》的阐释史，即其经典化的过程。这个个案表明，不同历史时代对《水浒传》的解读都具有鲜明的时代性和历史性，这一时代性和历史性体现了阐释的公共性。当然，正如列宁说的，任何思想体系都是受历史条件制约的②。因而从大的视域来看，任何阐释尤

① 欧阳健、萧相恺：《水浒新议》，重庆出版社1983年版，第11页。

② ［苏］列宁：《唯物主义和经验批判主义》，人民出版社1998年版，第137页。

其是在时代性思想指导下的阐释都是历史性的理解；而所有时代性的阐释都是既存有时代性的真理又具有历史局限性的。

一部文学经典的生成，从来不是横空出世、一成不变，而是需要各种历史和现实条件在时间距离中的酿成。畅销书不一定能够成为文学经典。而文学经典的“后生命”（afterlife），则决定于其意义在异时空结构中的在地化呈现。这种呈现是文本视域与读者视域相融合而成的，读者的包括前有、前见、前把握、前筹划、前理解等在内的前有结构也就必然地参与了经典作品文学意义的新的形成、生产和再生产过程之中。读者的前有结构在视域融合的过程中总是起着意义理解何所向的作用，所问往往决定了何所答，即对文学经典进行理解的问题域指向了意义域，所问决定了文学意义的何所向。而问题域总是时代的，社会的，因而也是公共的。

至于阐释的规定性，海德格尔在描述“诠释学循环”的时候认为，“对本文的理解永远都是被前理解（Vorverstandnis）的先把握活动所规定”①。如果说对文本的理解确实有什么规定性，那么规定性就只能是前有结构的规定性，而前有结构往往具有时代的公共性；前理解的先把握活动就是理解的事件性，即意义总是此在的生成，而不是主观对客观的认知。阐释是本体论的理解，不是认识论的认知。具体语境中现实意义的解读，其意义的生成性体现了阐释的本体论。

那么，什么是本体论视域中的理解呢？理解不是主体对客体的认知，而是自身参与到文本中的行动，是一种视域融合，是自我与他者的一种关系，是二者的一体化。这里的行动，就是参与、事件化和效

① ［德］伽达默尔：《真理与方法》，洪汉鼎译，上海译文出版社2004年版，第379页。

果历史的生成。文学作品的存在方式就是它不断地被读者所阅读、理解、翻译和应用，理解是它在世的方式。因为只有“在理解中，一切陈述的意义（包括艺术陈述的意义和其他所有流传物陈述的意义）才得以形成和完成”①。

阐释的公共性何以生成？时代性精神的阐释结构使然。它是由时代性精神、主流意识形态、知识界对权力话语的解读和再解读、社会个体主体的学习和内化、政治思潮与社会运动等构成的。这一阐释结构是一种米歇尔·福柯所说的“装置”。在时代性权力话语的滚滚洪流中，个体的理解都被裹挟在其中。从这个角度来说，文学经典的质性与阐释的公共性实质上是一体两面，本质上都是统治阶级意识形态的变相和化身。

二　作为公共话语和公共文化资源的文学经典

文学经典是文学艺术世界中的翘楚，一则它本身长得漂亮（“情人眼里出西施”），二则评奖、口碑、抬轿子的协力鼓吹使然。文学艺术是由经济基础所决定的上层建筑中的一部分。文学作品之所以能够被建构为经典，一定是内因与外因合力的结果。内因就是它自身具有跨时间、跨地域甚至是跨文化的可被利用之处，具有塑造人类高贵品质的精神力量，具有共享性的艺术价值。外因就是时代性的统治阶级的权力话语。文学作品经典性的打造，本来就是主流意识形态分内的事情。哪些文学作品可以是经典的确认、出版哪些文学作品的甄选、创作什么样的文学作品的倡导等，都是主流意识形态的工作

① ［德］伽达默尔：《真理与方法》，洪汉鼎译，上海译文出版社 2004 年版，第 157 页。

内容。

当这些文学作品被权力话语认定为经典之后，文学经典必然反过来为主流的意识形态作合法性和秩序维护性的情感渲染和软性说服，具体的表现形式就是它们成为这个时代的具有公共性的知识话语和文化资源。而话语和资源的公共性，则建构着公共阐释的政治环境和媒介生态，展现着时代性的主旋律，生产着文学经典的品性、契合性和适用性。

“只要我们坚持自己的现实本位立场，坚持古为今用、洋为中用这一‘用’的原则，并且能够理解到，从使用的观点看，一切文化，无论中国自己的文化遗产还是作为舶来品的西方文化，都是资源，都是话语。”① 文学经典是文化之内在的一部分，从而也“都是资源，都是话语”。文学作品的经典性就在于它能够被主流意识形态所利用，有可资利用的价值；如果一无所用，它就绝不会被塑造为经典。在能为我所“用”的价值域中，这些资源和话语皆具有权力代言人的公共性。从而，文学作品的经典性亦体现为它对于当时、后世或异域的可用性。

“公共话语”这个概念源自哈贝马斯的公共领域理论，它指的是人们聚集在公共领域里的所有话语的内容和形式的总和。公共领域中的公共话语并非人们任意或随意的表达，而是执政机构舆论管控之下的言论自由。巴赫金认为，“话语永远都充满着意识形态或生活的内容和意义”②。作为公共话语，文学经典只能是政治性话语、阶层性

① 金惠敏：《作为话语的文化与作为生命的实践——习近平“当代文化”和“现实文化”两个概念对于破除中西文化二元对立思维模式的意义》，《外国文学动态研究》2017 年第 3 期。

② ［苏］巴赫金：《马克思主义与语言哲学》，《巴赫金全集》第 2 卷，钱中文等译，河北教育出版社 1998 年版，第 416 页。

话语和意识形态斗争话语可被利用的符号空间。左、中、右之政治派别，皆可以借助于文学经典进行话语主导权的斗争。

如前所述，一部文学作品之所以能够成为经典，当然首先是它具备先天的可被建构为经典的条件，如百科全书式的体系文化便是其中的必备条件之一，或具有童庆炳所说的高“艺术品质”①。可是，艺术品质之高下又是如何被判定的呢？孤立的、静止的、抽象的艺术审美性认知，与马克思主义完全是背道而驰的。审美意识具有种族性、民族性、政治性、阶级性、地域性。即使是纯审美的艺术作品——如果存在的话——也只有具备被利用的价值才被确定为经典作品。从而，当它被主流意识形态所认同的时候——不被认可绝不会成为这个时代的经典，它便能够作为文化资源、知识话语具有了统治阶级权力的代言性、再利用性和意义的再生产性。

既然如此，文学经典自然可以作为政治晴雨表的表现符号或者是意识形态真正的价值取向。事实上，它也是这么存在的。即以《水浒传》为例，在反封建反资本主义的革命时期，在马克思主义思想的透视之下，它被解读为“农民革命的史诗”；在“文化大革命”期间，它又被视作“投降主义的反面教材”，以之对广大的人民群众进行“反修防修”的思想教育；新时期以来，《水浒传》被解读为“市民的趣味”或“游民”说；当下，文人学者又极力为这部经典小说“解毒”。《水浒传》是毒还是药，这将如何进行判定？《水浒传》这些上述主题思想的解读，都是历史性具体语境中权力意识的产物，体现了时代性阐释的公共性。我们今天对它们进行分析，则应该按照列宁所指出的，在分析任何一个社会问题时，马克思主义理论的绝对要

① 童庆炳：《经典的解构与重建：〈红楼梦〉、“红学”与文学经典化问题》，《中国比较文学》2005年第4期。

求，就是把问题提到一定的历史范围之内。[①]

文学经典更多的是被利用为“借尸还魂”之尸，“魂”为权力话语或意识形态；而“尸”则是文学的经典性文本及其意义的阐释，这种阐释具有公共领域内的公共话语的公共性。文学作品的经典性，体现在文学作品的不断被解读、被阐释和被表现之中。只有这样，文学作品才能获得其精神上的存在意义。而所有对文学经典的阐释话语，都是权力话语体系的一部分。除此之外，文学经典及其学术研究，又是意识形态斗争的知识空间。学术与政治的密切性从李希凡、蓝翎《评〈红楼梦研究〉》的事件可见一斑。而《水浒传》在“文化大革命”期间的“反面教材”与“反修防修”的公共话语之间的关系也是典型的案例。如此类似的阐释，不胜枚举，从而可知，主流意识形态之下对文学作品进行阐释的公共性，与文学作品的经典性形成了一种密切的共谋同在的共同体关系。

在一个社会里，阐释的公共性，更多地体现在统治阶级权力话语的渗透或主流意识形态的控制和影响之中。或者有点极端和彻底地说，阐释的公共性本质上是权力话语的时代性、具体性和政治性。政府舆论机器的宣传，对作为权力话语的知识的自律性学习，以及社会性的生活和工作，共同建构了对权力话语的认同甚至是服膺。这种宣传和认同一起形成了一种社会理解的前有结构和主流的阐释模式。这一结构和模式作为这个社会里的人们的前理解、前把握和前视域，在对文学经典文本进行意义解读的时候，是理解、阐释和应用的前提条件之一。而诠释的三要素之一“应用”，毋庸置疑，自然是权力话语主导性阐释之公共性的具体应用，因为任何理解，都是意识应用的一种具体化。

① 《列宁选集》第2卷，人民出版社1995年版，第375页。

对意义的阐释尤其是阐释之应用一维具有鲜明的实践性。伽达默尔认为，实践就是生活世界。[①] 马克思在其《关于费尔巴哈的提纲》(1845 年) 中认为："全部社会生活在本质上是实践的。"[②] 人们对文学经典的解读、阐释和应用也是如此。文学经典在一个社会里的建构（包括选择、确认、倡议、创作、出版、阐释、组织学习等），都是实践性的，而社会实践总是群体性的，社会性的，时代性的，从而具有公共性。当然，任何实践也具有局限性。列宁说，实践标准实质上绝不能完全地证实或驳倒人类的任何表象[③]。

"话语和实践互相依存。实践需要遵循话语，而话语则产生于实践。"[④] 文学作品的经典性建构是在社会实践中以公共话语的方式完成的；同时，文学经典又成为公共话语和公共文化资源，为社会实践服务。一个时代、一个社会的观念、意识形态、思想方式、价值观、情感结构等都展现在政治话语、理论话语、民间话语、社会话语、实践话语、官方话语的公共性之中。

一个人的前见包括作为知识形态的主流意识形态、价值理念、民族文化等。根据伽达默尔哲学诠释学的观点，前见不是理解过程中应该去除的东西，也是根本去除不了的东西；反之，前见是理解何所向的积极因素。前见，正是导致理解何以可能的重要条件之一。而时代性的精神、思想、意识等，借助于文学经典新的存在形式（时代性意义解读），形成这个时代大多数人作为前见的公共性话语。同时，公共话语又作为理解的前有结构参与到文学经典新语境下新的意义生成

① ［德］伽达默尔、杜特：《什么是实践哲学——伽达默尔访谈录》，金惠敏译，《西北师大学报》2005 年第 1 期。

② 《马克思恩格斯选集》第 1 卷，人民出版社 1995 年版，第 56 页。

③ ［苏］列宁：《唯物主义和经验批判主义》，人民出版社 1998 年版，第 144 页。

④ 汪晖、陈燕谷主编：《文化与公共性》，三联书店 1998 年版，第 484 页。

过程之中，以此建构为政治权力辩护的新话语和新资源。

阐释的公共性，实质上是时代精神作为意义理解的前有结构在公共领域的一种程式化、模式化和现实性阐释。“理解是诸结构的产物，因为结构提供了现实得以次序化的二分法概念。”① 海德格尔也说过，“明确地被理解的东西，具有‘某某东西作为某某东西’的结构”②。时代性的精神、意识、思想、词汇、表达方式、审美观、价值观以及作为权力话语和主流意识形态的“知识”等，共同构成了某一个具体历史时代的阐释模式的共通性和公共性之结构。这个时代的文学经典，不以人的主观意志为转移，必然带有阐释的公共性。

然而，伽达默尔曾经说过，“理解按其本性乃是一种效果历史事件”③。什么是效果历史？效果历史既包括事件的实在，又包括对事件理解的实在。那么，什么是事件？按照德勒兹在《意义的逻辑》里的观点，事件即“生成”（devenir）。这是意义阐释的本体论的一方面。另一方面，时代性公共话语或这种意识一定是作为个体的前理解而成为阐释的前有结构，从而阐释又具有某一具体时代的公共性。公共阐释的模式和结构，无论对具体的主体有着正面还是负面的影响，无论主体认同它还是反对它，都作为意义理解的前有结构而参与意义的生成。思想改造是艰难的，可是，阐释公共性之于理解却总是事实性存在的。

一部文学经典的后生命，很大程度上决定于它是否与后世的时代性精神相契合，或是否作为共享资源或公共话语而能够被后世的时代

---

① ［英］马尔科姆·巴纳德：《理解视觉文化的方法》，常宁生译，商务印书馆 2005 年版，第 30 页。

② ［德］海德格尔：《理解与解释》，载洪汉鼎主编《理解与解释——诠释学经典文选》，东方出版社 2001 年版，第 118 页。

③ ［德］伽达默尔：《真理与方法》，洪汉鼎译，上海译文出版社 2004 年版，第 283 页。

性精神所利用。一部文学作品，一旦被权力话语建构为经典，则理所当然地成为文化资源和公共话语，并不断地被利用和再利用，其意义就不断地进行生产和再生产，其经典性就体现在它的“实用性”上。古今中外，在这一点上，概莫能外。试看莎士比亚戏剧在当代电子和数字媒介世界中目不暇接的存在形式，就不言而喻了。

文学作品的经典性体现为跨时空阐释的公共性。列宁曾指出，只有确切地了解人类全部发展过程所创造的文化，只有对这种文化加以改造，才能建设无产阶级的文化。无产阶级的文化，其公共性与世界性密切相关。而全球化时代文学经典的世界性，更展现了民族文学经典的文化公共性更大的意义空间。民族文学即使是经典，如果不具有全球化改造的可能性和可行性，其经典性也无从在世界文学中得以展现。

在全球化的时代大潮中，民族文化复古主义、文化保守主义竟然大行其道，颇有市场，甚至是甚嚣尘上。令人惊诧莫名的是，这些反马克思主义的论调出自当代文人学者之手。试问，难道存在着纯粹的民族文化吗？当代文人所谓的中国文化难道在历史上没有吸收其他民族文化的菁华吗？人类的文化常态难道不是接触、碰撞、渗透、杂合？文学经典的世界性，难道不是民族文化形成和发展过程中的“异中求同”吗？

作为社会良心的知识分子在认真地思考这个问题。金惠敏主张：“进入以‘一带一路’建设为标志的新时代，我们需要放下中国文化复兴论，阐扬特殊性或差异性的话语性之交往性维度，致力于人类文化共同体的建构。”① 只有拥有海纳百川、有容乃大的心胸，具备全球对话主义的思想，才能真正地采用拿来主义，让全人类的精神财富

① 金惠敏：《人类文化共同体与中国文化复兴论》，《人文杂志》2019 年第 2 期。

作为话语和资源践行其公共性、世界性和一体性。

从文学世界来看，正如歌德所说的，“世界文学的时代快来临了”。丹穆若什（David Damrosch）说：“我用世界文学来包容所有在其原来的文化之外流通的文学作品。它们或者凭借翻译，或者凭借原先的语言（很长时间，维吉尔以拉丁文形式被欧洲人阅读）而进入流通。在最宽泛的意义上，世界文学可以包括任何影响力超出本土的文学作品。”① 作为流通方式和阅读方式的世界文学，其世界性何以可能？它必须是民族文学的经典作品吗？历史已经证明并将继续证明，文学的世界性不在于民族文学的经典性，而在于它在异时空里的可利用性。《好逑传》在中国文学史上不过是二流或者是三流作品，然而它被传教士翻译成拉丁语后为欧洲知识人所阅读，具备了世界文学的素质，成为公共文化资源。

作为公共话语和文化资源的文学作品的经典性，在实质上是文学经典的文本与时代精神的契合，以及文本在其中的参与和新意义的生成，即经典性存在于阐释的公共性之中。不同历史时期的时代精神是不完全相同的，如果它与所谓文学经典的文本之间不存在任何契合之处，那么这部文学经典就会退出历史舞台。因而一般来说，文学经典的存在方式总是时代性的阐释，而阐释的公共性则成就了文学经典的经典性。

三　文学经典的跨文化旅行与阐释的公共性

阐释的公共性与文学作品的超越时空性有着密切的关系。“所谓

---

① ［美］丹穆若什：《什么是世界文学?》，查明建、宋明炜等译，北京大学出版社2014 年版，第 5 页。

文学其实都与一切时代有一种特有的同时性。所谓理解文学首先不是指推知过去的生活，而是指当代对所讲述的内容的参与。”① 其中的“同时性”与“当代”的“参与”，重构了文学经典的跨时空意义，也展现了阐释的公共性。如《诗经》，在春秋战国时期是外交语言的渊薮，“不学诗，无以言”。汉武帝“罢黜百家，独尊儒术”后，一直到晚清，它都是伦理道德阐释结构中的教化。“五四”以来，它摇身一变，成为文学之经典。从那时起，《诗经》的阐释便是文学意义的解读。这是《诗经》在时间距离中的此在。那么，文学经典在跨民族、跨语言、跨文化的空间旅行又是如何的呢?

是因为一部文学作品首先是经典所以它才具备了进行跨文化旅行的资格，还是任何文学作品只要它能够进行跨文化旅行就促生经典性?人们往往想当然地以为文学经典是天生的，是孤立地静止地摆放在艺术的殿堂里等待读者去阅读的圣物。其实，这是一种唯心主义的错误的想法或意见。因为本民族文学作品之经典性是权力话语社会性的规定，是主流意识形态的反映。文学经典的跨文化旅行是一种例外吗?

为了避免设想只是在空中飞，让我们以具体文本为把手，从个案的角度，以《水浒传》的海外阐释为例来看这个问题。《水浒传》在异域时空中的意义存在，主要体现为三种文本形式：翻译之作、文学批评和翻案之作。② 海外对于《水浒传》的阐释无不带有其深深的民族文化烙印，对海外读者而言，由西方文化形成的前视域对他们理解何所向具有规定性，从而生成了与我们不完全相同的理解和解释，但只要是对文本中的人情物理解释得合情合理、能够自圆其说，应该说它们都是《水浒传》在不同历史时空、不同民族文化中的存在样式。

---

① ［德］伽达默尔：《真理与方法》，洪汉鼎译，上海译文出版社 2004 年版，第 528 页。

② 张同胜：《〈水浒传〉诠释史论》，齐鲁书社 2009 年版，第 287—299 页。

20 世纪 20—30 年代，赛珍珠根据金圣叹贯华堂本《水浒传》（一则金圣叹本流行了清朝 267 年，二则这个版本在行文上更明畅通俗），将其译成英文本《水浒传》。书名为“All Men Are Brothers”，即“四海之内皆兄弟”或“皆兄弟也”。1934 年，鲁迅指出：赛珍珠把“水浒传”翻译为“皆兄弟也”很不确切，“因为山泊中人，是并不将一切人们都作兄弟看的”①。固然，宋江并没有将为其解脱逃走的唐牛儿请上山去过快活的日子，这是因为唐牛儿并不是水浒好汉“一会之人”。如果从龙华会上结义兄弟来看，教团里人谁也不会将会外之人“作兄弟看的”。

但是，不可否认的是，赛珍珠对《水浒传》的理解往往望文生义，如将“花和尚鲁智深”翻译为“Priest Hwa”，即花牧师，而牧师本义是牧羊人，一般用来称呼基督教的传教士。基督教与佛教存在着称谓上的异同，赛珍珠显然混淆了宗教文化背后的意蕴。无独有偶，库恩博士将“鲁智深”翻译为“铁和尚”，将鲁达提辖拳打镇关西解释作“一个暴徒打死另一个暴徒”②。鲁达，侠肝义胆，李贽以活佛称之，可是库恩称之为“暴徒”。如此一来，水浒好汉的道德正义和崇高审美就荡然无存了。然而，这种在翻译中的变异，却有着内在的误读合理性，原因就在于阐释公共性在民族文化上的差异及其接受过程中的加减乘除。

伽达默尔认为：“一切翻译就已经是解释（Auslegung）。我们甚至可以说，翻译始终是解释的过程，是翻译者对预先给予他的语词所进行的解释过程。”③ 他又说：“理解在本质上是把过去的意义置入当

① 鲁迅：《鲁迅书简》，人民文学出版社 1957 年版，第 431 页。

② 宋柏年：《中国古典文学在国外》，北京语言学院出版社 1994 年版，第 407 页。

③ ［德］伽达默尔：《真理与方法》，洪汉鼎译，上海译文出版社 2004 年版，第 496 页。

前情境的一种调解或翻译。"① 翻译者是对翻译文本的理解者和解释者。在某种意义上可以说，一切译作都是对原作的再创作。在这再创作的过程中，译作者的思想作为前理解参与了译本的生成。从而，无论是阐释，还是再创作，翻译者理解的前有结构总是参与到译本意义的生成之中，而翻译者的时代性精神又是翻译者前有结构的一部分，翻译者语境中的阐释便具有此时此地阐释的公共性，因为"在理解中总是有某种这样的事情出现，即把要理解的本文应用于解释者的目前境况"②。马克思主义所主张的"一切从实际出发"之所以是正确的指导思想，就是因为它符合解释学的真理。所有准确的理解，都是具体语境里的理解；理解总是"解释者的目前境况"与文本的敞开之一体性的此在。

全球化时代，文学艺术作品并非只有民族的才是世界的，并不是越是民族的越有可能是世界的，而是只有那些翻译之后依然能够被其他民族异质文化所认可、感应和契合的文学作品才能永葆其经典性，跨越时空的局限，走向世界文学。这种经典性之所以能够穿越时空，就在于文学艺术的意义理解上不同民族仍然具有相通性和公共性。

至于跨文化的文学批评，美国汉学家夏志清似乎遗忘了中国文化，从西方资产阶级的人性论出发对水浒好汉进行了口诛笔伐，他不理解好汉们的饮食习惯，将他们的不好女色看作是意志力考验，将好汉们的滥杀视作中国人对痛苦和杀戮不甚敏感③。黄卫总批评夏志清往往以西方小说的标准来苛求古代中国小说。Novel 的标准是夏志清

---

① ［德］伽达默尔：《哲学解释学》，夏镇平、宋建平译，上海译文出版社 2004 年版，"编者导言"第 6 页。

② ［德］伽达默尔：《真理与方法》，洪汉鼎译，上海译文出版社 2004 年版，第 339 页。

③ 夏志清：《中国古典小说史论》，安徽文艺出版社 1994 年版，第 82—102 页。

解读《水浒传》的前有结构，他过滤了中华文化的民族特性。陈寅恪曾经说过，民族不以种族分，而以文化分。这是很有道理的。夏志清虽然是美籍华裔，但是他认同欧美文化，并为其所同化，从而对中国文学经典作品里的华夏文化表现出很隔的一面。民族文化观、审美观、价值观等的不同，会导致对同一部文学作品进行批评而得出迥异的结论。即使是在同一个文化系统中，由于阶级地位的区隔、政治立场的不同或地域文化的地方性，也会导致见仁见智、莫衷一是的论争。

文学经典的跨文化旅行，还有一种存在方式，那就是在翻案。所谓翻案，即再创作。日本群岛上对古代中国小说的翻案，其实是中国文学经典在异域异质文化中的此在的表现形态。当代日本作家北方谦三说，《水浒传》在他的心中可能已经变质，他将塑造出自己心目中的英雄。于是，在他的笔下，星主宋江成了革命理论家，鲁智深宣传替天行道的革命道理，武松从小就单恋嫂子潘金莲，潘金莲也由淫妇变成了贞女，宁可自尽也不愿被武松所强暴……北方谦三的翻案虽然遭到了中国读者的批评，但却荣获了日本司马辽太郎奖。这种改写或重新创作，展现了文学经典在异文化中的在地化，也展现了读者接受过程中的文化偏向。日本人的英雄观、革命观和本能文化是北方谦三对《水浒传》进行改写或再创作的公共性前有结构。阅读的倾向性和选择性，体现了文学经典在跨文化时空中传播和接受的本土化和民族性差异。阐释的公共性具有族群性、地域性和时代性，它直接参与了文学经典的意义生成、后生命绽放和跨文化时空的意义再生产。

由以上文学经典在异文化时空中的三种存在样式可知，文学经典的跨文化旅行，总会由于文化接触、冲突和杂合而发生这样或那样的变异。自 2005 年以来，曹顺庆关注了文学传播过程中的变异问题，他认为影响研究“忽略了我们的文学在流传过程中，由于不同的语言、不同的国度、不同的文化、不同的时代、不同的接受者，它会产生信息的改变、失落、误读、过滤”[①]。这种变异，主要是由于文化过滤导致的。文化过滤不是一件坏事，因为经过了过滤，剩下来的就是具有共通性和共同性的共享文化或交融文化了。

而异质文化的族群性作为异域读者的公共性重构了他者—民族文学经典的意义世界，从而使得文学经典在异文化中也获得了视域融合之下新的文学意义的表现形态，以间性文化的形貌展现其经典性。而文化的民族性、地域性和时代性则是对文学经典进行公共阐释的前有结构。

伽达默尔的哲学诠释学认为，理解不仅仅是一种意指，而且是一种参与、一种共同的活动[②]。一部文学经典作品，在异域异质文化的时空中旅行，总是进行在地化的意义生成，因为行经之地的文化总是作为读者的前有结构“参与”文学经典意义的生产，于是经典文本意义的解读便成了一种“共同的活动”。个体的经验、时代性公共话语与文学经典的契合图景一起融合为“一种新生命”，以此文学的经典性与阐释的公共性二者一起成就了文学经典的世界性。

文学经典的跨文化旅行，其实就是它的世界文学化，因为“只有在翻译中发生变异，世界文学才得以形成。变异凸显了语言形式的表层下的文化间的异质性，以此丰富了比较文学可比性的内容，异质性和变异性为比较文学与世界文学研究开辟了新的天地”[③]。文学经典的跨文化旅行，其路线图就是翻译、阐释和应用。而无论是作为“创

---

① 曹顺庆、付飞亮：《变异学与他国化——曹顺庆先生学术访谈录》，《甘肃社会科学》2012 年第 4 期。

② ［德］伽达默尔：《真理与方法》，洪汉鼎译，上海译文出版社 2004 年版，第 659—660 页。

③ 曹顺庆：《翻译的变异与世界文学的形成》，《外语与外语教学》2018 年第 1 期。

造性叛逆”的翻译还是他国化的文化过滤，理解的公共性是文化间主义内在的逻辑结构：求同。

金惠敏曾经追问道：个体的经验如何是公共的？这是一个很好的问题。布克哈特说得好：“文化的许多因素并不为人所感觉到，因为它们是从某个以往民族那里传承到人类共同血液中的。我们应当时刻意识到，这种无意识的文化成果的积累不仅发生在每个民族中，也发生在每个人身上。”① 而“发生在每个人身上”的文化当然是公共文化，它不仅是某一个民族的文化，而且是人类文化共同体的文化。这个共同体是“一个被星丛化了的共同体”②，即“和而不同”的共同体。星丛文化共同体的在世之道是什么呢？金惠敏认为是全球对话主义③。文化间性的对话，一方面承认差异、个性，另一方面又“和而不同”地求同存异，后者即跨文化阐释的公共性。

四 结语

公共阐释是一种时代性精神在社会宏观结构中的理解、诠释和应用；公共阐释是主流意识形态在具体事件中的意义生成和展现；公共阐释是舆论宣传建构的一套时代性话语、知识结构和阐释模式。张江教授首倡的“公共阐释”论，具有公共社会空间维度下的阐释力，它可以解释一些重要的时代性现象或重大学术问题。例如，为什么《水浒传》在明清时期被朝廷列为禁书，而在毛泽东时代却成了文学

① ［瑞士］布克哈特：《世界历史沉思录》，金寿福译，北京大学出版社 2007 年版，第 51 页。

② 金惠敏：《文化自信与星丛共同体》，《哲学研究》2017 年第 4 期。

③ 金惠敏：《全球对话主义：21 世纪的文化政治学》，新星出版社 2013 年版，第 1—168 页。

经典？作为个体的主体阐释，甚而至于文人圈子之阐释，对于是不是禁书或经典为什么几乎不起决定性的作用？李卓吾、袁宏道、崔后渠、熊南沙、唐荆川、王遵岩、陈后冈等文人都曾高度称赞《水浒传》这部小说，然而，却都改变不了明末被朝廷严禁的命运。

阐释的公共性，具有社会性、通约性和共通性等特征，从而具有阐释范式的研究价值和意义。《水浒传》的文学身份的变迁，绝不是孤立的、静止的、特殊的，而是具有联系性、运动性和普遍性，具有类型学的价值和意义。古今中外从禁书到经典的文学作品，就有《西厢记》《金瓶梅》《包法利夫人》《查泰莱夫人的情人》《娜娜》等众多世界性文学作品，其经典性的形成与阐释的公共性之间的关系，都体现了公共阐释的解释力、理论性和思想性。

文学作品经典性的生成，是时代性权力话语之公共性阐释的结果。时代性问题的需求，时代性精神的召唤，主流的意识形态等作为理解的前有结构建构一部文学作品的经典性。什么是文学经典性？一言以蔽之，即文学作品在时间距离中的不断地被应用。而文学作品其经典地位确立之后，便作为这个时代的公共话语和文化资源，为权力话语所利用。文学经典从而成为当代文化、现实文化的代言人和阐释者。文学经典的跨文化跨时空旅行，必须契合于所行经文化的公共性才能获得后生命。从而，文学作品的经典性与阐释的公共性是意识形态范畴之内的一种共谋同在的关系。

公共阐释、情感结构与知人论世

海德格尔在《存在与时间》中认为理解就是此在的存在方式，因为理解从根本上来说不是主体认识客体的一种方法，而是在时间中对此在之能在的筹划，此在正是在理解之中实现自身的可能性的。伽达默尔在《真理与方法》中主张，“如果我们一般有所理解，那么我们总是以不同的方式在理解”①。阐释，按照伽达默尔哲学诠释学的观点，是阐释者“此在”的存在方式，具有本体性、实体性和应用性等特征。它强调的是阐释的本体论实在。

2017年，张江教授在《学术研究》第6期上发表了《公共阐释论纲》。该论纲界定了何谓公共阐释，梳理了公共阐释的六个特征，论证了个体阐释的公共性，其目的是建立公共阐释理论②。该论纲的创新之处在于，它鲜明地指出了阐释中的公共性特征。以我的理解，公共性指的并非common意义上的共有、共享、共同，而是阐释模式所具有的时代性共性。阐释的公共性问题，历来为阐释学研究者所忽略，从而该论纲的真理性就在于洞见了阐释学的这一盲区，扩展了阐

① ［德］伽达默尔：《真理与方法》，洪汉鼎译，商务印书馆2010年版，第420页。

② 张江：《公共阐释论纲》，《学术研究》2017年第6期。

释学探讨的新视域。

本文探讨的是中外文论视域中的阐释的公共性何以可能的问题。探讨这个问题或许有诸多角度，本文主要从威廉斯的关键词“情感结构”与孟子的“知人论世”来试论阐释的公共性问题。

一 阐释的公共性

张江教授认为，阐释是一种公共行为，是多方共同体的公共理性活动；阐释的公共约束由以下四点构成：共在、集体经验、语言的公共性和语境。毋庸置疑，这四点足以论证阐释的公共性[①]。然而，真理总是从不同的角度与我们世人进行言说和对话，如果以威廉斯的“情感结构”来看，我们可以从一个新的角度对阐释的公共性进行补证。

在《公共阐释论纲》中，张江教授认为“阐释的公共性决定于人类理性的公共性，公共理性的目标是认知的真理性与阐释的确定性，公共理性的运行范式由人类基本认知规范给定，公共理性的同一理解符合随机过程的大数定律”[②]。阐释问题，本质上是作为“事件”的意义的生成问题。它不纯粹是一个理性的问题，也不纯粹是一个认知的问题。也就是说，阐释本质上是一个本体论的意义问题。阐释如果有确定性，那么它一定是每一次视域融合后新意义产生的具体的确定性；然而，文本总是朝向时代性问题开放，从而具有不同时空中的后生命。对话和交流，其效果未必就是达成一致，而是对话者各自视域的扩展和融合，从而在共同参与、共同应用、共同融合的过程中获

① 张江：《公共阐释论纲》，《学术研究》2017 年第 6 期。

② 同上。

得新的意义。

然而，“人的本质在于其社会关系的公共性”[①]。诚然，毕竟，“人的本质不是单个人所固有的抽象物，在其现实性上，它是一切社会关系的总和”[②]。由此，阐释就不是自言自语、自说自话，而是与他者的对话和交流。而对话，正如海德格尔所言，“言说在本质上就是共享（Mitteilung）”[③]。对话即言说时意义的生成和共享。从这个意义上来说，阐释是一种社会共同参与的意义生成活动或事件。而事件，就是德勒兹所说的“生成”（Becoming）。众所周知，生成从来就不是主、客二体孤立的施为，而是公共性参与后的交集和化合。对话者何以会出现公共性的交集和化合呢？这是由于他们的时代性公共文化，用威廉斯的术语来说，就是“情感结构”使然。

社会文化的公共性来自族群共同体的公共生活。公共生活孕育了公共理性。公共理性是公共话语的空间，这个空间实乃一个时代的公共领域。而公共领域对社会中人的思维方式、语言表达、情感结构、行为理性等都起着某种塑造的作用。公共性是理解或理性交往行动的中介吗？公共性在社会的公共领域里形成了一个时代的阐释模式，这个阐释模式又形成了这个时代精神形态被理解的前有结构。这个前有结构就是威廉斯所谓的“情感结构”。

二　从“情感结构”看阐释的公共性

何谓“情感结构”（structure of feeling）？1954 年，威廉斯在与迈

① 张江：《公共阐释论纲》，《学术研究》2017 年第 6 期。

② 《马克思恩格斯选集》第 1 卷，人民出版社 1995 年版，第 60 页。

③ ［德］海德格尔：《时间概念史导论》，欧东明译，商务印书馆 2014 年版，第 410 页。

克尔·奥罗姆合著的《电影导论》中首次提出来这个术语。1958年，他在《文化与社会》中用该概念分析了英国19世纪的工业小说。在《漫长的革命》中，威廉斯将“情感结构”界定为“就某种意义来说，情感结构指一个时期的文化：社会基本组成中所有元素的特有的生活结果”①。这个定义强调了文化在一个特定时期的公共性基础。

后来，在《马克思主义与文学》中，威廉斯借助于意识形态、文化霸权等理论深化了“情感结构”的内涵：“我们谈及的正是关于冲动、抑制以及精神状态等个性气质因素，正是关于意识和关系的特定的有影响力的因素——不是与思想观念对立的感受，而是作为感受的思想观念和作为思想观念的感受。这是一种现时在场的，处于活跃着的、正相互关联的连续性之中的实践意识。于是，我们正在把这些因素界定为一种‘结构’，界定为一套有着种种特定的内部关系——既相互连接又彼此紧张的关系的‘结构’。不过，我们正在界定的也是一种社会经验，它依然处在过程当中。”②

伊格尔顿认为威廉斯的“情感结构”是一种意识形态。然而，威廉斯却不同意这种看法，他认为情感结构不是意识形态，而是共同经验及其具体感受。③ 情感结构有其概念的历史，而威廉斯最终所谓的“情感结构”，指的是一个时代文化的基础，也是共同体之共同性的基础。每一个时代的情感结构有其共同性，而不同时代具有不同的情感结构。情感结构是活泼泼的融合，它体现了某一时代的人们的共同

① Raymond Williams, *The Long Revolution*, New York: Columbia University Press, 1961, p. 48.

② ［英］雷蒙德·威廉斯：《马克思主义与文学》，王尔勃、周莉译，河南大学出版社2008年版。

③ Raymond Williams, *Politics and Letters: Interview with New Left Review*, London: Verso, 1981.

经验，但是这个共同经验具有时代性特征。

威廉斯将“文化”纳入整个物质性的社会生产实践之中，使“情感结构”与整个社会的变革息息相关；威廉斯认为“情感结构”是一种文化假设，体现着某个特定时期人们的整个生活方式——一个时期的文化，因此“情感结构”可以成为一种文化分析的工具或方法。

然而，何谓文化？威廉斯梳理了英国“文化”这个概念的历史：（1）心灵的普遍状态或习惯；（2）整个社会里知识发展的普遍状态；（3）各种艺术的普遍状态；（4）物质、知识与精神构成的整个生活方式[①]。威廉斯还认为，文化是寻常的、平常的（Culture is ordinary），文化是共同的。文化既是精英的，又是平民的；既是统治阶级的，又是被统治阶级的；既是传统的，又是新生的。

针对19世纪以来英国的文化与社会问题，尤其是战后社会文化的现实问题，威廉斯提出了“共同文化”（common culture）的概念。威廉斯认为，工业社会的发展，催生了一个“无阶级”的文化，即一个超越了阶级对立、价值观区分的文化，这就是共同文化。“某一特定时期，一个民族的独特生活方式来自他们整体的共同经验及其复杂的耦合关联”[②]，这种具有共同经验的生活方式构成了文化共同性的基础。由于“共同文化”这个概念容易引起误读，因此威廉斯对它重新界定，即共同文化的真正含义是“一种参与意义和价值创造的自由、有益、共享的过程”[③]。也就是说，文化的共同性体现为共同

---

① ［英］威廉斯：《文化与社会》，吴松江、张文定译，北京大学出版社1991年版，第18—19页。

② Willianms, “The Idea of a Common Culture”, in *Resources of Hope*: *Culture*, *Democracy*, *Socialism*, London and New York: Verso, 1989, p. 35.

③ Ibid., p. 38.

体个体主体的参与性："（文化）不仅被共同地享有，而且被共同地创造：通过合力参与得到共同享有。"①

文化又是一个社会或族群的符号系统。社会关系结构是它的一个整体性框架。文化这个符号系统本身就具有物质性、历史性和生产性。文化的生产性指的是，文化是一个不断融合、不断构型、不断生产的过程。情感结构是一种公共领域中的社会经验，是对具体时空的感受力模式，是时代性的生活和思考的方式。

简要言之，"情感结构"是威廉斯文化唯物主义的核心概念，指一种当下的、现实性的、不断变化的和具有某种建构意义的社会或个人的共同经验，具有主体性、总体性、建构性、多义性、时代性等特征。而在情感结构的诸多特征之中，文化的时代性是其最主要的特征，因为其他诸如整体性、总体性等特征所体现的也是时代性精神。时代性精神是阐释公共性的内在灵魂。

由于作者和读者生活在一个共同的时代里，即"共同在世"或"共在"，这个时代性精神就成为他们进行交流的情感结构。每一个历史时代的人都会以自己的方式对其所在的世界做出反应，并把自己的创造性反应塑造成一种新的情感结构。而跨时代的读者，何以与另一个时代的作者进行对话和交流呢？通过人性的可通约性和对时代性精神的把握来进行"同情性之理解"。

审美是一种感受力。艺术形式的审美随着情感结构的变化而变化，反过来从情感结构来分析艺术的形式何以变异，会别有洞见。我们通过我们的经验来感受这个世界？我们通过我们的什么经验来感受这个世界？直接经验，还是间接经验？间接经验感受这个世界何以可

① ［英］伊格尔顿：《历史中的政治、哲学、爱欲》，马海良译，中国社会科学出版社1999年版，第140页。

能？是靠一种接近的或相似的直接经验去想象和重构间接经验？间接经验之所以能够被人们的直接经验所接近，根本的原因就在于一个时代的人们共享精神文化的公共域和不同时代人性流传物的可通约性承续，从而形成了政治共识、思想上的认同和审美意识的共通性。但是，时代性阐释框架毕竟不能使人们的思想整齐划一，在微观世界里，每一个人都有其自己的思想意识，对他者的思想进行改造的历史已经事实地证明效果甚微。前有知识体系的固化，思想上的陈旧，政治意识上的固执，是人们对时代性精神进行理解的前结构，致使他们的思想意识与当时改天换地的社会精神会格格不入。完全的理解之所以不可能，个体经验的独特性可能是其中的一个原因？

情感结构是一种动态性的一直在变化的社会经验结构，它与时俱进，是在具体的物质性文化实践中生成并发展的。文化是时代性精神建构的产物，一个时代性的精神总是处于不断构型的过程之中，主流意识形态则是它的驾驭者。

情感结构是文化共同体的内在关系网络。而“共同体”指的是“一种共同的身份和共性感”①。威廉斯所谓的“可知共同体”“有机共同体”或“真正的共同体”，实际上是一种理想状态的社会构型关系，它抹杀了卢卡契的“社会阶级冲突”，从而主要停留在理想的、假设的理论层面，停留在他对“共同文化”的理想化状态之中。威廉斯构建共同体的理论初衷，是为了解决人类社会的理解危机，然而他所设想的共同体理论由于无视实践的现实性而缺乏真正改变世界的力度，从而出现了诸多问题：如超阶级的大众共建和共享的文化何以可能？超阶级的共同情感何以可能？超阶级的情感结构共同特征何以

① Raymond Williams, *Key Words: A Vocabulary of Culture and Society* (revised edition), New York: Oxford University Press, 1983, p. 75.

可能？

如果说威廉斯的“情感结构”建立在超阶级的文化共同体之上，那么，其公共性就是一种理想状态的想象或假想，而不是现实本身。然而，同一个族群由于在一个共同的自然环境、社会环境和文化环境中进行生产和生活，他们当然会形成时代性的共有、共通甚至是同一的认知结构和阐释模式。从这个角度来说，威廉斯的“情感结构”这个关键词能够对时代性阐释的公共性进行有效的论证。

威廉斯试图“把政治溶解在文化中，淡化阶级斗争”①，提倡一种文化唯物主义研究范式。例如，19世纪工业小说中的“灰姑娘情节”叙事就是运用该研究范式的一个典型的个案研究。女主人公依靠从天而降的遗产，或者出逃到桃花源……以此跨越阶级对立的鸿沟，来实现爱情上的美满结合。然而，这不过是空洞的幻想或迷梦。什么样的阶级就有什么样的文化。难道还存在着超阶级的文化？还存在着无阶级对立的共同文化？社会固然是一个共同体，但是这个共同体并非在思想意识、政治斗争、文化精神等诸方面都协调一致或完全同质。现实从来就不是这样的。共同体里面是多元的价值观，这些价值观甚至不排除有对立的可能性。普遍主义与多元主义一方面各自都有其存在的合理性，另一方面它们之间又存在着矛盾冲突。这是一个事实。这是威廉斯“情感结构”在阐释中的局限性。

三　从“知人论世”看阐释的公共性

知人论世，是古代中国文人士大夫解读儒家经典重要的方法之一。如章学诚在《文史通义·文德》中云：“不知古人之世，不可妄

① Fred Inglis, *Raymond Williams*, London and New York: Routledge, 1995, p. 251.

议古人之辞也。知其世矣，不知古人之身处，亦不可遽论其文也。”[①]而孟轲在《孟子·万章下》中云：“一乡之善士斯友一乡之善士，一国之善士斯友一国之善士，天下之善士斯友天下之善士。以友天下之善士为未足，又尚论古之人。颂其诗，读其书，不知其人，可乎？是以论其世也。是尚友也。”[②] 这是“知人论世”的出处。

何谓“知其人，论其世”之“世”？清人吴淇说：“‘世’字见于文有二义：纵言之，曰世运，积时而成古；横言之，曰世界，积人而成天下。故天下者，我之世，其世者，古人之天下也。我与古人不相及者，积时使然；然有相及者，古人之诗书在焉。古人有诗书，是古人愿以其人待知于我；我有诵读，是我遥以其知逆于古人。是不得徒颂其诗，当尚论其人。然论其人，必先论其世者，何也？……人必与世相关也。然未可以我之世例之，盖古人自有古人之世也。”[③]

明人郝敬认为：“论世知人，即诗书所言，神游古人之地，较量体验，如亲承謦欬，冥识其丰采，而洞悉其底里者。”[④] 今人周裕锴则认为，所谓“知其人”“论其世”，指的是“要知道文辞表达的‘志’，必须先了解作者是什么样的人；要了解作者是什么样的人，必须先分析作者所处的时代和环境。”[⑤]

那么，什么是“知人论世”的公共性呢？“外因之‘时’的可共性，其实也就是‘语境要素’或‘周围环境’的可共性。”[⑥] 就总体的层面而言，艺术作品的创作及阐释都是奠基于人类语言和行为的

① 章学诚著，叶瑛校注：《文史通义校注》，中华书局1985年版，第278页。

② 孟轲著，杨伯峻译注：《孟子译注》，中华书局1962年版，第251页。

③ 吴淇：《六朝选诗定论缘起》，载郭绍虞主编《中国历代文论选》上册，中华书局1962年版，第15—16页。

④ 郝敬：《孟子说解》，载《四库全书总目丛书》卷10，第227页。

⑤ 周裕锴：《中国古代阐释学研究》，上海人民出版社2003年版，第54页。

⑥ 李清良：《中国阐释学》，湖南师范大学出版社2001年版，第205页。

基本意向性的背景之中的，“没有人类意向性的背景就没有语言的意义”[①]，人类语言与行为的这一基本意向性构成了一切意义阐释的总体参照。乔纳森·卡勒认为：“Meaning is context-bound, but context is boundless.”[②] 即意义总是为语境所限定，然而语境又无穷无尽。也就是说，语境或背景、上下文等并非可有可无的衬底，而总是参与意义的生成，从而文化的时代共同性便构成了知人论世的理论基础。

所有的阐释模式往往具有其时代性的特征。譬如说罢，西晋“世之论者以为‘言不尽意’，由来尚矣”。也就是说，“言不尽意”是西晋时期流行的大家公认的阐释模式。嵇康所谓“殊方异俗，歌哭不同”，良有以也。然而，到了东晋，受佛教阐释思想的影响，当时的阐释模式又发生了变化。支遁解释佛经“每标举会宗，而不留心象喻”，谢安称之为“九方皋之相马也，略其玄黄而取其俊逸”，即得志忘象、得意忘言。而这阐释框架的时代性，就是晋王朝阐释的公共性。

海德格尔认为：“对本文的理解永远都是被前理解（Vorverstandnis）的先把握活动所规定。”[③] 先把握活动，既有个体主体的经历和经验，又包括他生活与生产的社会性实践，而后者显而易见是具有时代精神的公共性的。

伽达默尔认为：“当某人理解他者所说的内容时，这并不仅仅是一种意指（Gementes），而是一种参与（Geteiltes）、一种共同的活动

① ［美］理查德·舒斯特曼：《实用主义美学》，彭锋译，商务印书馆 2002 年版，第 135 页。

② Jonathan Culler, *Literary Theory: A Very Short Introduction*, London: Oxford University Press, 1997, p. 67.

③ ［德］伽达默尔：《真理与方法》，洪汉鼎译，上海译文出版社 2004 年版，第 379 页。

(Gemeinsames)。"[1] 因此，理解的过程，也就是"一种参与、一种共同的活动"的过程。在这个过程中，理解者本人同实际问题的关系在意义的生成过程中起着根本性的作用，然而，由于是"一种参与、一种共同的活动"，共同在世的公共性也是意义形成过程中不可无视的重要因素之一。从这个意义上说，阐释的公共性问题便是意义理解过程中的一个必然因素。毕竟，每一个人都是他所生活的那个时代的产物。

以上是从"论其世"来看阐释的公共性。下面从"知其人"来看这个问题。

意义之理解的"还原法"或"双重还原法"实际上是不可能的。在意义的阐释过程中，具体情境固然重要，但它不是唯一的要素，它仅仅是意义生成的外部条件；阐释者的自身存在及其理解的前有结构，对于具体情境中的意义之生成，也是至为关键的，因为它是内在的，决定着理解何所向的方向。阐释是一个自我与他者关系所构成的体系或系统。

何以"知其人"？通过"论其世"，就像焦循在《孟子正义》中所说的："夫不论其世欲知其人，不得也。"施莱尔马赫说："每一话语总只是通过它所属的整体生命而理解，这就是说，因为每一话语作为讲话者的生命环节只有通过他的一切生命环节才是可以认识的，而这只是由他的环境整体而来，他的发展和他的进展是由他的环境所决定的，所以每一讲话者只有通过他的民族性和他的时代才是可理解的。"[2] 施莱尔马赫又说："我们为了理解话语，必须认识人，而我们

① ［德］伽达默尔：《真理与方法》，洪汉鼎译，上海译文出版社2004年版，第659—660页。

② 洪汉鼎主编：《理解与解释——诠释学经典文选》，东方出版社2001年版，第51页。

是从人们的话语中了解人的。”①

《诗·小雅》云：“唯其有之，是以似之。”《潜夫论·本政》云：“惟圣知圣，惟贤知贤。”《韩诗外传》云：“马鸣而马应之，牛鸣而牛应之。”朱熹《朱子语类》云：“须是将身心做根柢。”如此一来，显而易见，阐释都是个体本体论的理解。但是，朱熹所谓的“切己体认”，亦是一种意义理解的理想状态，在现实生活中几乎不能够达到。人只能凭借自己的经验去接近他人的经验，而不能够做到“切己体认”。

“子非鱼，安知鱼之乐?”你不是鱼，如何“切己体认”鱼的快乐与否?你只是疏明自己的主观情愫或者从自己的情绪出发想象鱼的感情世界，这其实不过是主体的情感投射的影子罢了。那么，鱼能体认其他鱼的快乐与否?也未必。如果鱼有情感感知，那也不过是各有各的悲欢离合罢了。而浅溪里的小鱼何以能够体认深海底部鱼的感受?对于鱼之乐，庄子在《秋水》篇中说：“我知之濠上也。”这是从理解的语境中推知鱼之乐吗?清人宣颖在《南华经解》中说：“我游濠上而乐，则知鱼游濠上亦乐也。”这不是从与鱼共在的环境里得出来的，而是从自己的心情进行情感移植得出的推测，想当然地以我观物得出来的幻相，幻相不是世界本身，从而无从“知鱼之乐”。按照哲学诠释学的观点，“无论什么时候我们理解，我们总是带着我们自己”②。因此，“我游濠上”非“知鱼之乐”，而是描述己之乐也。

两千多年来，“知人论世”作为一种阐释的方法和思路，一直

① 洪汉鼎主编：《理解与解释——诠释学经典文选》，东方出版社 2001 年版，第 37 页。

② J. Grondin, *Introduction to Philosophical Hermeneutics*, Yale University Press, 1997, p. 115.

为文人士大夫在解读经典过程中所运用。例如，王国维说："是故由其世以知其人，由其人以逆其志，则古诗虽有不能解者，寡矣。"① 即使是当下中小学的语文教学，亦深受"知人论世"方法论的影响。"知人论世"效果的历史表明，意义的形成和阐释，都是一定的时代和语境中的产物，从而具有时世的公共性。反过来，人们从"知其人""论其世"中也可以获得较为接近事实真相的理解。

当然，任何理论和方法都有其局限性。即以"知人论世""以意逆志"来看，其局限性也是不言而喻的。如法国作家米兰·昆德拉就一直反对人们对于小说家生平即"知其人"的研究，他说："传记作者的工作从艺术角度来说纯粹是消极的，既不能阐明一部小说的价值，也不能阐明它的意义。"②

遑论对古代中国小说尤其是白话小说的阐释，其作者的考证问题众说纷纭或文献不足征而无法确切地"知其人"了。退一步说，即使确切地知道小说的作者是谁，如果对文学作品意义的解读仅仅局限于探求作者的写作意图，那么，无疑也会无视文学作品意义本体论生成这一事实，并且限制了文学意义阐释的开放性和丰富性，从而搁置了文学作品存在的在世性。克拉顿尼乌斯说过："完善地理解一位作者和完善地理解一次讲话或一篇著作并不是同一回事。理解一本书的标准决不是知道它的作者的意思。"③ 这是很有道理的。文学作品作者的创作意图，仅仅是文学作品意义世界中的一种阐释而已，而未必

① 王国维：《玉溪生诗年谱会笺序》，《王国维文集》，吴无忌编，北京燕山出版社1997年版，第402页。

② ［法］米兰·昆德拉：《小说的艺术》，董强译，上海译文出版社2004年版，第184—185页。

③ ［德］伽达默尔：《真理与方法》，洪汉鼎译，上海译文出版社2004年版，第238页。

就是最好的阐释。

意大利作家兼理论评论家安贝托·艾柯主张“必须尊重文本，而不是实际生活中的作者本人”①，他认为作者本来的写作意图“非常难以发现，且常常与文本的诠释无关”②。然而，中国古代阐释理论如“知人论世”和“以意逆志”等却是特别关注作者的身世与创作意图之研究。知人论世的理性认知要求，是探求作者的创作意图，特别是圣人之本义。

雷·韦勒克、奥·沃伦在《文学原理》中认为：“一件艺术作品的意义，绝不仅仅止于，也不等同于其创作意图；作为体现种种价值的系统，一件艺术品有它独特的生命。一件艺术作品的全部意义，是不能仅仅以其作者和作者的同代人的看法来界定的。它是一个积累过程的结果，也即历代的无数读者对此作品批评的结果。”③ 这是因为“理解首先意味着对某种事情的理解，其次才意味着分辨并理解他人的见解”④。从而，对一件艺术作品意义的理解就不仅仅是理解创作者的意图，而是把握一种自我与他者之间的关系，是视域融合之后的一种新的意义的生成，是阐释公共性框架中一个具体的事件。

更何况，艺术作品的作者的创作意图也并不是只有一种，例如詹姆斯·乔伊斯谈论他自己的小说《尤利西斯》的主题时就说过，这部小说的主题思想是多层次的：“这部小说既是犹太人和爱尔兰人的史诗，又是人体器官的图解；既是他本人的自传，又是永恒的男性和女性的象征；既是艺术和艺术家成长过程的描绘，又是圣父和圣子关

---

① ［意］安贝托·艾柯等：《诠释与过度诠释》，王宇根译，三联书店2005年版，第69—70页。

② 同上书，第26页。

③ ［美］雷·韦勒克、奥·沃伦：《文学原理》，三联书店1984年版，第35页。

④ ［德］伽达默尔：《真理与方法》，洪汉鼎译，商务印书馆2004年版，第417页。

系的刻画；既是古希腊英雄俄德修斯经历的现代版，又是传播圣经的福音书。”①

中国古人所提倡的“知人论世”，是尊崇圣人之意、独尊经学思想背景下“会古人之心”的产物。它的核心在于还原作者的“原义”。然而，无论是“知其人”，还是“论其世”，实质上都只是一种后历史的重构，而不可能有所谓的原汁原味的客观性还原。所谓意义的还原，本质上是意义的重构。例如，宋人绘事的“孔子讲学图”，孔子垂足坐在书桌后面，桌子上摆放着一摞纸质印刷的书籍……显然，这是宋代讲学的图景，而不可能是春秋时期讲学的状况。因为，春秋时期，人们是跪式坐在席子上，而那时尚没有印制的纸质图书。从而可见，宋时的“世”作为宋人理解春秋时期讲学的前有结构参与进孔子讲学图的绘制之中，于是对春秋讲学的想象与宋世的现实共同建构了宋人的“孔子讲学图”。

如何力求对历史事件的重构大致符合其实际情况呢？“知人论世”从宏观上和微观上为理性的认知划了界线，在世之公共性与作为主体的个体之独特性存在共同提供了接近事实真相的条件，从而在意义的建构的过程中，当下在世作为理解的前有结构的参与和应用固然难免，但影子轮廓式勾勒离事情本身不至于太远。

四　结语

综上所述，威廉斯的“情感结构”与孟子的“知人论世”都是阐释公共性展读的实例或个案，它们殊途而同归，归于阐释的公共性。这种公共性，阿斯特称为“大一精神”，具体而言，就是“如果

① 叶朗：《中国小说美学》，北京大学出版社1982年版，第9页。

我们不计短暂的和外在的东西相对于纯粹精神的偶然差别，那么所有的精神都是一样的”[①]。狄尔泰将阐释的公共性称为“普遍的人性”，他说阐释者的个性与作者的个性“都是在普遍的人性基础上形成的，并且这种普遍的人性使得人们彼此间讲话和理解的共同性有可能”[②]。钱钟书说：“如何把中国传统文论中的术语和西方的术语加以比较和互相阐发，是比较诗学的重要任务之一。”[③] 本文将“情感结构”与“知人论世”放在比较文学会通视域之中，尝试探索公共阐释论在异域或他时的此在的可通约性。

情感结构，作为一个时代的文化，既有其公共性，又有其独特性，从而为公共阐释论指出了阐释学历来所忽视的公共性问题并进行了异域时空下的理论论证，这是其实践价值之一；情感结构的稳定性、整体性和框架性，又从理论上对阐释公共性进行了补证和推衍，从而具有一定的思想意义。然而，马克思主义要求我们辩证地看待一个问题，因而全面地观照威廉斯的情感结构，指出其超阶级的理想性和荒谬性，就有必要性。

知人论世作为阐释的方法论，具有后人所赋予的在世与共在的时代性公共性，从而在古代中国的语境中事实地证明了公共阐释论的普遍性和真理性。而“知其人”与“论其世”的辩证结合，又总括了阐释的微观与宏观，即使在今天，它依然在方法论上具有生命的活力。然而，它毕竟是古代伦理道德文化生态中的产物，因而往往局限于对作者原意的所谓还原，于是拘囿了文本意义在不同时空的后生命

① ［德］阿斯特：《语法学、诠释学和批评学的基本原理》，载《理解与解释——诠释学经典文选》，东方出版社2001年版，第8页。

② ［德］狄尔泰：《诠释学的起源》，载洪汉鼎主编《理解与解释——诠释学经典文选》，东方出版社2001年版，第90页。

③ 张隆溪：《钱钟书谈比较文学与“文学比较”》，《读书》1981年第10期。

展现。

综上，我们简要的结论就是：公共阐释论是新时代中国的阐释学思想，是针对中国阐释问题并回应世界阐释学盲区问题的理论性回答。在威廉斯“情感结构”与孟子“知人论世”的观照透视之下，阐释的公共性疏明了以往中外阐释理论所没有烛照的幽暗的一隅，从而发展了阐释学思想，为建构中国阐释学作出了理论上的卓越贡献。

作为公共阐释的文学史与文学记忆

探讨公共阐释与文学记忆、文学史之间的关系，其中的一个问题就是从长时段来看，文学记忆是如何符象化阐释的公共性的？对问题作纯抽象形而上的思辨，往往掩盖和抹杀真相褶皱中的细节，仅仅印证了自己的前见。因此，本文以具体文学作品如文学记忆中的隋炀帝叙事为把手，或许能较好地揭蔽尘封的情感史化石，澄明事实的真相。文学史是文学艺术的公共阐释，是知识领域里的文化素质教育。本文的另一个目的是考察文学史阐释的公共性，凸显权力话语的脉络结构，以此剖析文学史与文学记忆的间性关系。本文以文学事件中的隋炀帝书写为个案、以文学史阐释的公共性为典范，试析文学记忆、文学史与公共阐释之间的内在逻辑关系。

一　作为公共阐释的文学记忆

（一）文学记忆是主流意识形态之规训

历史人物的文学记忆，表征的究竟是谁的意志？具体到文学世界里的隋炀帝书写，唐太宗的心思具有当代权力话语的功效。历史学界对隋炀帝的历史评价，有云泥两极的价值判断：一则认为隋炀帝有丰功伟绩，是秦皇汉武之俦，如平定陈国完成统一、开创科举制度、开挖大运河、拓土西域等；一则与文学世界里的隋炀帝形象刻画有着情感认同，断定他好色荒淫、好大喜功、不恤民力，是著名的暴君。唐太宗李世民是如何看待他这位表亲的呢？唐代文史世界里的隋炀帝书写，唐太宗起到了什么作用呢？

唐太宗读《隋炀帝集》，曾经感叹说：（《隋炀帝文集》）“文辞奥博，亦知是尧舜而非桀纣，然行事何其反也？”① 唐太宗经过反思，认为：“君道大纲，非知之难，惟行之不易。行之可勉，惟终实难。是以暴乱之君，非独明于恶路；圣哲之主，非独见于善途。良由大道远而难遵，邪径近而易践。”② 历史学家经过考证，发现唐太宗、隋炀帝其实非常类似，然而这里的文献却表明了明君、昏君的泾渭之别。其实，唐太宗不只是对隋炀帝，对唐高宗、他的兄弟等都刻意地进行了比照、丑化、贬低。

李世民信奉儒家“三不朽”的教诲，是一位极其重视历史道德评价的君主。他曾经命令史官进呈皇帝实录，并对玄武门之变的历史书写做过具体的指示。他当然也关注史官与民意对隋炀帝的评价。朝代更替，新王朝为其合法性做辩护，多有对前代的诋毁、污蔑和非法化。唐太宗自然也不例外。“贞观九年，太宗谓侍臣曰：‘往昔初平京师，宫中美女珍玩，无院不满。炀帝意犹不足，征求无已，兼东西征讨，穷兵黩武，百姓不堪，遂致亡灭。此皆朕所目见，故夙夜孜孜，惟欲清净，使天下无事。遂得徭役不兴，年谷丰稔，百姓安乐。夫治国犹如栽树，本根不摇，则枝叶茂盛。君能清净，百姓何得不安乐乎？’”③ 于是，唐太宗对隋炀帝的评价，即

① 司马光：《资治通鉴》，中华书局1956年版，第6053页。

② 吴兢：《贞观政要》，上海古籍出版社1978年版，第295页。

③ 谢保成：《贞观政要集校》，中华书局2005年版，第41页。

“好色荒淫”“穷兵黩武”，就成了史官撰述的指导思想和编纂标准。

史官如何书写前代史？古代中国是“史之国”，皇皇巨著二十五史便是明证。然而，这些史书，与其说是历史事实的记载，不如说是道德规训的范本。孔子作春秋，而贼子奸臣惊惧，原因就在于其春秋笔法，即以一字隐寓道德褒贬。《新唐书》对《旧唐书》的道德化增强和重述也是这个缘故。那么，其间的道德标准又是谁的呢？史书一般是胜利者撰写的，因而历史书写字里行间的道德评价便是胜利者、统治者的道德体系规范。《新唐书》《旧唐书》里隋炀帝“好色荒淫”，是皇帝李世民的意志在编撰中的体现。

魏徵等主编的《隋书》以史为鉴，他在给唐太宗上书时说：“殷鉴不远，在夏后之世。臣愿当今之动静，以隋为鉴，则存亡治乱可得而知。”[①]《隋书》对隋王朝君臣上下骄奢淫逸的腐朽生活，如隋炀帝大兴土木、三游江都，进行了淋漓尽致的渲染。史书编纂者批评隋炀帝云：“负其富强之资，思逞无厌之欲”，“恃才矜己，傲狠明德，内怀险躁，外示凝简”，“淫荒无度，法令滋章，教绝四维，刑参五虐”[②]。《资治通鉴》亦记载：“（隋炀帝）遣黄门侍郎王弘等往江南造龙舟及杂船数万艘。东京官吏督役严急，役丁死者什四五，所司以车载死丁，东至城皋，北至河阳，相望于道。”[③] 这里的史书笔法就不乏文学修辞夸张手法。况且，“唐初对炀帝一朝的资料，既然需要靠（唐人）采访来补全，对于《隋书》、两《唐书》、《资治通鉴》、《册府元龟》等史籍所载，不能尽信，同时也要留意唐人对隋炀帝的

① 刘昫等：《旧唐书》，中华书局1975年版，第2554页。

② 魏徵等：《隋书》，中华书局2016年版，第95页。

③ 司马光：《资治通鉴》，中华书局1956年版，第5619页。

偏见”[①]。

《隋书》对隋炀帝的记载：“上美姿仪，少敏慧，高祖及后于诸子中特所钟爱。”[②] 魏徵云：“亡国之主，多有才艺，考之梁、陈及隋，信非虚论。”[③] 谚云“不以成败论英雄”，然而史书对历史人物的评价，实质上大多是以成败论英雄，因为史书是胜利者书写的史书。即以东征高句丽来看，在隋炀帝之前，隋文帝于598年远征高句丽。在隋炀帝之后，唐太宗于644年至645年亲征高句丽；647年派大军东征高句丽。唐高宗时多次东征高句丽，终于在668年灭高句丽。可是，隋文帝史称“贤主”，唐太宗史称“明君英主”，历史却给了杨广一个“炀”的谥号。何谓“炀”？炀即“去礼远众”。

隋代大业八年（612）、大业九年、大业十年，隋炀帝连续三次亲征高句丽。这被《旧唐书》等史书看作隋王朝亡国的导火线。可是，事实是：“唐初君臣将隋炀帝人为树立为治理国家的反面参照物，对隋炀帝的所谓‘污点’及其亲征高句丽所带来的危害有无限夸大的倾向，特别是对大业八年亲征的全盘否定，从而导致此后史家的连锁反应，影响学界对一些问题的客观评价。”依据出土的墓志铭可知，大业八年，“隋炀帝御营在整个征伐战中的损失并不大”[④]。从现存的文献资料来看，唐太宗有意识地与隋炀帝进行比照，从而处处抹黑他的这位表兄。

历史叙事定论是如何形成的？古人云：“上有所好，下必甚焉。”御用文人、趋走小人无论是舞文弄墨还是口诛笔伐，往往是对统治阶

① 高明士：《从军礼论隋唐皇帝亲征》，载《隋唐辽宋金元史论丛》第8辑，上海古籍出版社2018年版。

② 魏徵等：《隋书》，中华书局2016年版，第59页。

③ 姚思廉：《陈书》，中华书局1972年版，第119页。

④ 拜根兴：《墓志所见隋炀帝亲征高句丽——兼论唐初君臣对隋亡事件的诠释》，《陕西师范大学学报》2019年第1期。

级主流意识形态的图像化解读、娱乐化演义和指桑骂槐情绪化泛滥。鲁迅曾经说过，叭儿狗往往比它的主人更严厉。遑论趣味庸俗低劣、见识阴微卑贱之辈一旦能够运用话语权，便无所不用其极，致使隋炀帝形象在文学记忆中就基本定型为一个类型。这个类型也是平民百姓阐释历史人物尤其是末代皇帝的框架，那就是“好色荒淫”误国乃至于亡国（明思宗可能是唯一的例外）。

杨隋之后历代小说、诗歌、笔记、戏曲对隋炀帝“淫乱”“暴戾”形象的建构和重复，既具有权力话语的意志，又具有在地化时空结构中意识形态的利用、生产和再生产，而文学记忆是权力话语的生产机制之一。

（二）文学记忆是话语权者情绪之符象化

何谓符象化（ekphrasis）？它是希腊语，意指“speaking out or telling in full or describing in detail”。文学史实质上是情绪、情感之政治史。文学作为一门艺术，其实是具体历史时代性权力话语的情感化创作。文学记忆是意识形态的变相，是权力话语的情感史，是社会或集体时代性的影像，是主观的、情感的、政治的符号艺术。正如华伯格所认为的，“文学的记忆就建立在符号的重建和文本中有意义的各种元素的重建基础之上”[①]。

在文学记忆中，对隋炀帝连篇累牍的污名化，进而使隋炀帝完全成为暴戾亡国之君的典型。作为情绪史的文学记忆中的典型“荒淫暴君”符号，隋炀帝是唐代及之后的历朝历代的诗歌、笔记、戏曲和小说生成和一再皴染的艺术结果。唐太宗对隋炀帝的评价和定调，不时

① ［德］阿斯特利特·埃尔、安斯加尔·纽宁：《文学研究的记忆纲领：概述》，载《文化记忆理论读本》，北京大学出版社2012年版，第213页。

见之于文学世界之中。

中国的诗歌传统，以抒情诗为主流。从某种意义上来说，古代中国诗歌史就是一部古代中国文人的情绪史、情感史。其间的文学记忆，本质上是某一历史时代情感的记忆史。“穷兵黩武”之于隋炀帝的评价，一而再、再而三地被印证，如周昙《隋门·炀帝》诗云：“拒谏劳兵作祸基，穷奢极武向戎夷。兆人疲弊不堪命，天下嗷嗷新主资。”

文学记忆对隋炀帝的好色荒淫有夸张式渲染。《隋唐两朝志传》（又名《隋唐志传通俗演义》）成书于明代中晚期，现存最早的版本为万历己未年（1619）姑苏龚绍山刊本，书前题署“东原贯中罗本编辑，西蜀升庵杨慎批评”。小说第一、二回渲染了隋炀帝铺张放荡的私生活。隋炀帝好大喜功、穷奢极欲，宫中除了皇后以外，号称有“十六院夫人”和三千名宫女。

文学记忆中关于隋炀帝“好色昏庸”的事件，著名的有下江都雇用殿脚女拉纤、游湖观赏宫女采莲、笙歌达旦的宴饮、在离宫西苑看宫女跑马等。这些描写或叙事，多出自虚构和编撰，并非事实真相。

经过皇帝的定性、文人的渲染、艺术的加工，文学记忆中的隋炀帝、符象化的隋炀帝成为一个典型的文学类型符号。这个文学符号的所指，即色欲、暴戾、奢侈。因此，文学艺术中的隋炀帝，不再是一个历史人物，而是具有独特意义能指的另一个人物符号。在相关或相似的语境中，这个符号言说着一个约定成俗的类型能指。

掌握话语权的统治者、文人对类型符号的再生产。《大业杂记》《隋遗录》《海山记》《开河记》《迷楼记》《隋炀帝艳史》等，写尽了隋炀帝的各种奢靡生活，更加夯实了隋炀帝作为“好色荒淫、穷奢极欲”的一个亡国君的类型符号。隋炀帝在后世的文学世界中，成为一个符号，它所表征的意义为“荒淫”。

在清初的瓷器图案上，有一幅“隋炀帝夜游”的图像，其中的隋炀帝即昏君荒淫误国的表征。“炀帝夜游”至今依然是日本茶室悬挂画轴中的一个画题[①]。如今探索这个画题，在文献上可以追溯到讲史小说《隋唐两朝志传》。这部小说写道：“每于月夜，放宫女数千骑，游于西苑，作《清夜遊》曲，令宫女善歌舞者，于马上奏之。自是之后，或游于渠，或玩于苑，具以女乐相随，荒淫宴乐，无时休息。”[②]

人类情感史上的借尸还魂和指桑骂槐在文学记忆中是一个普遍的现象。对历史现象的追忆，一方面固然是道德的规训和驯化，另一方面则是针对当下社会问题的回应和言说。而文学现象更多的是情感政治的书写、描述和阐释，它一般展现某一历史时期的情感、情绪被政治势力所利用。因此，从这个角度透视隋炀帝的文学记忆，就会发现追忆的时间点一般是朝廷政治的危急时刻。也就是说，人们往往以历史现象、乌托邦、反乌托邦、恶托邦来批评当时的社会问题。

例如，崇祯辛未年（1631），齐东野人自序其《隋炀帝艳史》云：“构《艳史》一编，盖即隋代炀帝事而详谱之云。”从成书的时间可知，此乃朱明末世，故小说作者不无指涉时事，含沙射影之叙事意图。其《凡例》又云：“今《艳史》一书，虽云小说，然引用故实，悉遵正史，并不巧借一事，妄增一语，以滋世人之惑。”[③] 我们知道，《隋炀帝艳史》据作者自云是“据《大业杂记》《隋遗录》《海山记》《开河记》《迷楼记》诸书”，由此可见所谓“悉遵正史”实乃夸诈。《迷楼记》等书为小说家言，道听途说，驰骋想象，本不

① ［日］小田荣一著，影山纯夫编：《茶室挂画画题事典》，河原书店2008年版，第444页。

② 罗贯中：《隋唐两朝志传》，明万历己未年姑苏龚绍山刊本，第2页。

③ 齐东野人：《隋炀帝艳史》，中华书局2002年版，第1页。

可信；即使是“正史”，也是“叙事”，是作者的主观性叙述而非事实之再现。小说文本正文与题目，充斥于眼帘的是隋炀帝荒淫奢侈、骄奢纵欲、生活腐化即所谓“穷极荒淫奢侈”之胡编乱造。这一方面由于古代文人对政治的理解框架之一便是色性，即沉湎女色，另一方面由于晚明社会传统道德管控松弛，情色放纵也是一个事实。“隋炀帝开河、南游等史事经过《开河记》等唐末传奇的鼓浪，复经明清艳情小说扬波，纷传于世，以至于‘至今世俗心目中之隋炀，殊犹是昼游西苑，夜止迷楼’。”①

文学记忆中对隋炀帝的诋毁，刻意塑造一个“独夫民贼”的现象，还有一个典型事件，那就是开挖大运河。大业元年（605）三月至八月、大业四年、大业六年，隋炀帝主持修凿了通济渠、邗沟、永济渠与江南河四段。文人书生的篇什，或指斥隋炀帝大兴土木、好大喜功，或浩叹朝代的兴亡，感伤隋王朝二代而亡，或指责劳民伤财，贫困民力。其实，大隋王朝，在中国历史上是极为富有的朝代，即使是开挖大运河，也如唐人杜宝所谓“于时天下丰乐，虽此差科，未足为苦”②。

然而，文学记忆中的运河书写，充满了文人墨客情绪化的痕迹。罗邺《汴河》诗云：“炀帝开河鬼亦悲，生民不独力空疲。至今呜咽东流水，似向清平怨昔时。”杜牧《隋宫春》诗云：“龙舟东下事成空，蔓草萋萋满故宫。亡国亡家为颜色，露桃犹自恨春风。”李益《汴河曲》云：“汴水东流无限春，隋家宫阙已成尘。行人莫上长堤望，风起杨花愁杀人。”崔颢《晚入汴水》云：“昨晚南行楚，今朝北溯河。客愁能几日？乡路渐无多。晴景摇津树，春风起棹歌。长淮

① 李菁：《唐传奇文〈炀帝开河记〉研究》，《厦门大学学报》2012年第2期。

② 杜宝：《大业杂记》，《说郛》原本卷57。

亦已尽，宁复畏潮波。”白居易《汴河路有感》诗云：“三十年前路，孤舟重往还。绕身新眷属，举目旧乡关。事去唯留水，人非但见山。啼襟与愁鬓，此日两成斑。”……诗歌如此，小说更甚。古代中国文学的世界里，特别是涉及对外征战和民生大工程，其文字的书写里里外外都充斥着哭哭啼啼、哀哀怨怨、凄凄惨惨戚戚，这是不是民族的时代性情绪之记忆和反映？

但是，并不是所有的文人都短视无知，如皮日休《汴河怀古》诗云：“尽道隋亡为此河，至今千里赖通波。若无水殿龙舟事，共禹论功不教多。”所谓“水殿龙舟事”，指的是用殿脚女做纤夫事。然而，关于“水殿龙舟事”，在历史上实无其事。它是后世文人的无聊赖想象和对隋炀帝的污名化处理。

《隋书》云：“募诸水工，谓之殿脚。”[①] 殿脚本为男子，《大业杂记》虽是唐代贞观年间所撰，却将男子改为女子，它写道：“以青丝大絛绳六条，两岸引进。其引船人普名殿脚，一千八十人，并着杂锦彩装袄子、行缠、鞋袜等。每绳一条，百八十人，分为三番，每一番引舟有三百六十人。其人并取江淮以南少壮者为之。”[②]《大业拾遗记》写道，隋炀帝下江南的龙舟，“每舟择妍丽长白女子千人，执雕板镂金楫，号为殿脚女”[③]。而《炀帝开河记》因袭了这一文学杜撰，写道：“于是吴越间取民间女年十五六岁者五百人，谓之殿脚女。至于龙舟御楫，即每船用采缆十条，每条用殿脚女十人，嫩羊十口，令殿脚女与羊相间而行，牵之。”从中可见，文学记忆是一种对历史事实的涂改和情绪化表述，它将“少壮男子”改写为“妍丽长白女子”

① 魏徵等：《隋书》，中华书局2016年版，第686页。

② 杜宝：《大业杂记》，《说郛》原本卷57。

③ 颜师古：《大业拾遗记》，陶宗仪辑、陶珽重校《说郛》卷110，清顺治三年宛委山堂刊本。

“民间女年十五六岁者”。古代中国人抹杀人品的手段之一就是将其首先定性为乱搞男女关系，因为道德规约的标准就是性别政治。

李吉甫《元和郡县图志·河南道一》记载：“隋炀帝大业元年更令开导，名通济渠，自洛阳西苑引谷、洛水达于河，自板渚引河入汴口，又从大梁之东引汴水入于泗，达于淮，自江都宫入于海。亦谓之御河，河畔筑御道，树之以柳，炀帝巡幸，乘龙舟而往江都。自扬、益、湘南至交、广、闽中等州，公家运漕，私行商旅，舳舻相继。隋氏作之虽劳，后代实受其利焉。”① 然而，有的文人虽然也看到开凿运河的便利，但是指出了大运河主要是为朝廷官僚运输粮货。例如，李敬方《汴河直进船》云：“汴水通淮利最多，生人为害亦相和。东南四十三州地，取尽脂膏是此河。”

小说家言，识见卑陋，趣味低下，赏鉴粗俗，如认为隋炀帝是“借权臣杨素的势力登基”，或将杨广视作名叫阿嬷大老鼠的化身，或假想隋炀帝梦中与陈后主论富贵，或津津乐道于隋炀帝烝其父宠妃宣华陈夫人……其实，杨隋皇室，身上流淌着鲜卑族的血液，而鲜卑族是游牧民族，传统上实行收继婚，因此在隋文帝崩后，隋炀帝即使是真的收继陈夫人，以其本民族婚姻习俗来看也无可厚非。李世民不是屠戮了乃兄乃弟所有的儿子后将其弟妹杨氏纳为自己的妃子吗？然而，在关于隋炀帝的文学记忆中，这也成为隋炀帝的一大罪证。

二　作为公共阐释的文学史

文学史是统治阶级意识形态公共阐释的重镇，是文学阐释公共性的典型代表，是探讨阐释公共性的绝好样板。自文学史产生伊始，它

① 李吉甫：《元和郡县图志》，金陵书局1880—1882年版，第161页。

是资本主义知识生产机制之一，具有鲜明的意识形态性，是知识—权力结构的共同体意识建构者。文学史对文学历史中文学作品的阐释，是权力话语的选择、渗透、表征。

哪些文学作品能够被选入文学史？这是由统治阶级依据本阶层利益所决定的。这一有意识的选择、排序，本身就是文学阐释政治公共性的表现，因为它体现着统治阶级集体利益的公共性。统治阶级不会同意代表被统治阶级利益的艺术作品进入其意识形态的阵地。话语权的争夺，在知识界亦存在着，有时候甚至很激烈，因而哪些作家能够入选、哪些作品能够成为典型、作家排行榜的次序和变动等都是权力话语的晴雨表、社群权力斗争的变色龙皮肤。

无论是中国文学史还是外国文学史，其指导思想是文学史的灵魂，具有鲜明的阶级意识。刘大杰编写的《中国文学发展史》，1949年后为何曾经三次修改？这是因为这部文学史的指导思想发了变化，具体地说，就是从社会进化文学史观转变成马克思主义的唯物主义。刘大杰在1957年版“新序”中说：“解放后，由于自己对马克思列宁主义的初步学习和看到了一些从前没有看到过的史料，关于中国文学史的某些问题已经有了不同的看法。”① 1962年，第二次修改稿出版。“1962年版基本贯彻了建国后的文艺思想，如文学反映论，文学的人民性、阶级性、政治性，文学内容决定文学形式等观念，在对唯物史观的把握上较1957年版更专注、突出，在此基础上构建的知识体系，其严密性和系统性也超过了1957年版，直到1983年教育部还把1962年修订版列为高等学校文科教材。”② 20世纪70年

① 刘大杰：《中国文学发展史》（第一次修订版）上卷，古典文学出版社1957年版，第1页。

② 贾毅君：《文学史的写作类型与文本性质——论刘大杰〈中国文学发展史〉的三次修改》，《天津大学学报》2001年第3期。

代，刘大杰作了第三次修改："作家阶级出身决定论、作品的机械反映论以及用'儒法斗争'作为贯穿文学史的线索。"① 贾毅君认为这是时代性政治斗争使然，这是完全正确的。时代性的权力话语如果与文学史本来的指导思想存在着差异，文学史著述的修改就是不可避免的了。

外国文学史编纂的指导思想旗帜鲜明地标明为"马克思主义"，具体地说就是"马克思主义的辩证唯物主义和历史唯物主义"②。中国文学史亦然。中国社会科学院在20世纪五六十年代编写的《中国文学史》，具有鲜明的时代性特征，即以阶级斗争为纲，以马列主义、毛泽东思想为指导思想，以"人民性""民主性"等为关键词。新时期以来，章培恒、骆玉明主编的《中国文学史》，以"人性"为其指导思想。20世纪末，袁行霈主编的《中国文学史》开篇明义，"以文学为本位"。然而，由于文学作品是"文学史的核心内容"③，而文学作品的甄选、阐释、评价、描述无不带有鲜明的意识形态性，所以文学史的撰写、讲授和学习就必然是权力话语在公共空间里的公共性展演。

"编写文学史的目的就是对众多的作家进行研究、分析和甄别，对不同类型、不同层次和不同价值的作家作出评价……"④ 也就是说，文学史知识系统的建构，是在指导思想的规约下，生产"我国精神文明建设中不可或缺的精神食粮"。为什么重写文学史？除却文学

① 贾毅君：《文学史的写作类型与文本性质——论刘大杰〈中国文学发展史〉的三次修改》，《天津大学学报》2001年第3期。

② 《外国文学史》编写组：《外国文学史》（上），高等教育出版社2017年版，第4—9页。

③ 袁行霈主编：《中国文学史》第1卷，高等教育出版社2005年版，第2页。

④ 《外国文学史》编写组：《外国文学史》（上），高等教育出版社2017年版，第8页。

史观、价值立场的差异之外，要言之，就是因为意识形态发生了变化，话语的领导权发生了移位，阐释的公共性发生了偏移。

文学史所肩负的任务，不仅仅在于它是“一门知识课程”，而且“更是一门科学文化素质教育课程”①。素质教育的一个目的，就是培养能够明辨是非、政治立场坚定的社会主义接班人。文学史对文学记忆中的知识进行“去伪存真、去粗取精”，这个过程本身就是权力话语的表征化。

鲁迅撰《中国小说史略》为研究古代中国小说较早的学术著作，它对隋炀帝文学记忆文本之一《隋唐演义》作了如下陈述：“《隋唐演义》计一百回，以隋主伐陈开篇，次为周禅于隋，隋亡于唐，武后称尊，明皇幸蜀，杨妃缢于马嵬，既复两京，明皇退居西内，令道士求杨妃魂，得见张果，因知明皇杨妃为隋炀帝朱贵儿后身，而全书随毕。凡隋唐间英雄，如秦琼，窦建德，单雄信，王伯当，花木兰等事迹，皆于前七十回中穿插出之。其明皇杨妃再世姻缘故事，序言得之袁于令所藏《逸史》，喜其新异，因以入书。此他事状，则多本正史纪传，且益以唐宋杂说，如隋事则《大业拾遗记》，《海山记》，《迷楼记》，《开河记》，唐事则《隋唐嘉话》，《明皇杂录》，《常侍言旨》，《开天传信记》，《次柳氏旧闻》，《长恨歌传》，《开元天宝遗事》及《梅妃传》，《太真外传》等，叙述多有来历，殆不亚于《三国志演义》。惟其文笔，乃纯如明季时风，浮艳在肤，沉著不足，罗氏轨范，殆已荡然，且好嘲戏，而精神反萧索矣。”② 由此可知，一则简介其主要内容，隋炀帝、朱贵儿与唐玄宗、杨贵妃两世姻缘叙事；一则点出其艺术特色，为浮艳浅肤。

① 《外国文学史》编写组：《外国文学史》（上），高等教育出版社 2017 年版，第 5 页。

② 鲁迅：《中国小说史略》，上海古籍出版社 2001 年版，第 90—91 页。

由于《隋唐演义》远非四大奇书或四大名著那么经典，故对它的研究和叙述相对来说较少。文学作品中的隋炀帝形象，如前所述，是一个荒淫暴君的符号记忆，是一个凝固了的纵欲奢侈的典型符号。从所谓汉语言“神话”神祇来看，他们都是两极的符号化表征，要么是道德的化身，要么是恶魔的化身，且不如希腊神话里的人物那样有着丰富的七情六欲。完美无瑕的榜样思维，至今依然有社会市场。从这个维度来透视文学记忆里的隋炀帝符号，也就释然了。

文学作品是文学记忆的媒介和空间，文学史是对文学作品的知识生产、价值观筛选、审美归类和文化认同教育。文学史与文学作品形成了一种文本间性的关系，在这种关系中，链接键和枢纽都是化身为文学记忆的权力话语。从外在现象上来看，它们或者是艺术，或者是知识，或者是文化；而实质上，它们是统治阶级为维护其根本利益而言说的种种话语。

作为公共阐释之一的文学史，由以上可知，实质上是权力话语在文学世界中的具体表现形式。它的公共性，展现了权力话语结构框架之中的理解和解释，与文学记忆一起都是权力话语的范畴，为维护统治阶级的根本利益服务。因此，文学史的公共性也就是权力话语的公共性。

三　权力话语阐释的公共性：文学史与文学记忆

由以上对隋炀帝文学记忆的个案分析可知，文学记忆所叙述和阐释的是对历史事件的情感化政治，是权力话语在艺术域里的形象化和情感化表现，本质上是权力话语之一种。文学史作为知识体系的权力话语，它的编纂、讲授和修改都是统治阶级意志的公共阐释。公共阐释实质上是情感结构，是某一时代的文化共享，也是权力话语的公共性、社会性和政治性体现。从而，文学史与文学记忆便具有共通性，它们都是权力的公共话语在不同时空里的展现。

文学记忆的真实性，不是历史真实，而是情感史真实，是掌握话语权的社会阶层的情绪化政治的效果史真实。它具有时代性、社会性、政治性。文学是语言的艺术，而语言又是现实社会生活的表现形式。也就是说，语言具有社会性，文学艺术包括文学记忆也具有社会性。语言在时间距离中发生内涵和外延的变异，而每一个历史时代都具有其精神的独特性，具体时空的结构性问题重构了文学艺术的当下表现形式，文学记忆从而具有时代性。语言是意识形态的形式之一，意识形态总是政治的意识形态，作为语言艺术的文学作品也就必然地体现政治性。

“一切文学，不管多么虚弱，都必定渗透着我们称之为一种政治无意识的东西，一切文学都可以解作对群体命运的象征性沉思。”①从这个角度来说，文学记忆是权力话语的符象化生产；文学记忆是国家机器意识形态的生产机制。它的艺术性生产主要是对权力话语进行符象化、情绪化、定型化。文学作品的所有后生命，主要是存在于公共阐释之中。

作为权力话语之一种的文学史，其公共性的体现如何呢？20世纪50年代至70年代，中国文学史的指导思想、关键词、时代性话语、编纂模式、所选文本等都体现了阐释的公共性。“自身的”文化传统、思维方式，其自身性之于某个具体的族群或群体就是阐释的公共性。

---

① ［美］弗雷德里克·詹姆逊：《政治无意识》，王逢振、陈永国等译，中国社会科学出版社1999年版，第59页。

阿诺德·汤因比说，历史的本质正在于不断地增添自身。在这一过程中，历史所增添的，不是别的，而是时代性精神。文学记忆的消除与重建，都是时代性精神对往事文本的建构。文学史的重写，正是时代性精神对之前时代性精神的改写。因为，时代性精神即权力话语，它所体现的是统治阶级的根本利益。

阐释是对意义的理解，对意义的理解当然是个体的事情。然而，由于主体具有社会性、时代性和政治性，因而个体的理解一定是具体时空结构里的理解，同时又具有公共性。公共阐释是阐释的公共性之一维。意义是具体语境中语词所指链的共同体，它总是与语境绑定在一起，构成内在的肌理关系。语境即同在文本决定了阐释的公共性。权力、政治、文化、艺术等共同建构了具体历史时代的同在文本。艺术作品的生产与消费，都是同在文本之内的精神活动，它与权力话语本是一家，形成意义的同谋，从而其一体性、一致性就展现了共同体的思想意识。

理解，固然总是个人在一定的条件之下的具体意义的理解，由于每个人的前有结构不同而见仁见智，然而，既然人是“一切社会关系的总和”①，那么个人的理解不可避免的又是一种社会性的理解，因为个体的理解总是在一定“情感结构”中的理解，这个情感结构即威廉斯所谓的时代性文化，它具有公共性。同时，由于无论是个体的理解，还是社会性的理解，总是具体族群文化生态里的理解，因而理解就是族群文化的理解。文化的理解与社会的理解，都是理解的公共性表现。文学记忆是文化理解中的一部分，无论是从时间上看它的历史性，还是从空间上看它的地域性，它既是公共阐释的结果，又建构着阐释的公共性。

① 《马克思恩格斯文集》第1卷，人民出版社2009年版，第501页。

意义的问题即理解、阐释及其运用的问题。意识形态“植根于有关意义和方向的一般的哲学问题之中”[①]。何谓意识形态？意识形态就是将人为的、文化的、建构的说成本来的、自然的和天然的话语，它维护统治阶级的根本利益，它不竭余力地维持现状。从这个原因看，意识形态即权力话语。因而，在一定的历史条件下，阐释总是权力话语的意义理解；文学记忆也是权力话语的艺术性建构，文学史自然是以知识的身份现身的权力话语。

文学作为集体记忆的媒介[②]，其间和其中书写着文化的族群性及其阐释模式。文学记忆是文化记忆之一种，它建构着身份认同和文化认同。文化认同是建构的，它需要文学记忆和文学史等媒介的鼎力相助。它们彼此之间是互文性的关系，相互维系着意义的生成、生产和知识化。

“理解……是一种对共同意义的分有。”[③] 人是理性交往行为的主体。阐释是一种公共理性交往行为。阐释是事件，事件即生成，对文本的理解，归根到底是本体论意义上的意义之生成。阐释是一种被权力话语所操纵与控制的活动。话语是通过知识、权力运作而形成的。

四 结语

由以上可知，文学史与文学记忆之间的内在逻辑关系，在于它们

---

① ［美］大卫·麦克利兰：《意识形态》，孔兆政等译，吉林人民出版社 2005 年版，第 5 页。

② ［德］阿斯特莉特·埃尔：《文学作为集体记忆的媒介》，载《文化记忆理论读本》，北京大学出版社 2012 年版，第 227—246 页。

③ ［德］伽达默尔：《真理与方法》，洪汉鼎译，商务印书馆 2010 年版，第 400 页。

都是权力话语的范畴、场域、表征，它们实质上都是统治阶级意识形态以知识为形式的公共阐释。它们之间的差异，仅仅在于具体表现形式之不同。它们的共通性指向了权力话语的一致性。阐释的公共性昭显了权力话语在文学空间里的在场和展演。

丝路文学与文化

文化接触的现实性

文化与文明既有联系，又有所不同。文明源自城市，与“野蛮”或“邪恶”相对，侧重于政治性宏观；而文化则出自农业，与“愚昧”或“落后”相反，而强调地方性①。在某些具体条件下，文化与文明有时候又混用，表明二者的相通性或某些方面的一致性。至于体系，无论是文明还是文化，都是概而言之，因为即使是同一文明系统之内或同一民族文化之中，其个体或地方性的差异也是大相径庭的。本文所探讨的文化接触，是宏观意义上的概论，但由于针对现实性而言，亦着眼于个别主体或地方性的独特性。

一 文化“和而不同”的理想性与在地化的现实性

“和而不同”是古代中国的思想之一。《国语·郑语》云：“夫和实生物，同则不继。”在《论语·子路篇》中，子曰：“君子和而不

① ［美］马兹利什：《文明及其内涵》，汪辉译，商务印书馆2017年版，第28—56页。

同，小人同而不和。”在当下，经过哲学界和思想界的阐发，它被赋予了时代性的新义。如金惠敏就认为它是其“价值星丛”理念的中国说法[①]。然而，无论是“和而不同”，还是“全球对话主义”，它们总是一种理想状态的思想追求，因为不同民族文化的接触、冲突、对话、融合都具有在地化的现实性。

关于日本文化，一般人认为它是纯粹的民族文化，甚至有专家学者也作如是看。例如，汤因比认为日本文明是一种独立的文明，亨廷顿把日本文明看作现存的七种文明之一。其实，日本虽然是一个岛国，相对来说在地理上较为独立，然而，其文化用日本学者自己的话来说却是一种“杂交文化”或“文化杂合”。“文化杂合性”（cultural hybridity）是后殖民理论家霍米·巴巴提出来的概念。杂合化（hybridization）指的是“不同语言和文化相互交流、碰撞，最后形成的具有多种语言文化特点但又独具特色的混合体”[②]。文化杂合的前提是族群文化的接触，而接触则正如麦克卢汉所认为的，“不同世界之间的边疆，它提供的对话和互动过程，能够使有关的世界更加丰富。其中任何一个世界内部，都不可能产生那样的对话和互动”[③]。

很久远之前，就有渡来人漂流至日本群岛，带来了异质的文化。大化改革之前，日本的遣隋使、遣唐使曾有选择性地输入诸多古代中国文化。古代日本人也曾吸收过朝鲜半岛、东亚大陆、东北亚的民族文化。即以日本佛教来看，它所学习、输入的主要是中国佛教，已经不是纯粹的印度佛教了，甚至打上了朝鲜半岛文化的烙印。由于传播路径的多样性，如或从宁波出发海路而来，或经朝鲜半岛而来，本来

① 金惠敏：《文化自信与星丛共同体》，《哲学研究》2017 年第 4 期。

② 韩子满：《文学翻译与杂合》，《中国翻译》2002 年第 2 期。

③ ［加］麦克卢汉：《麦克卢汉如是说：理解我》，何道宽译，中国人民大学出版社 2007 年版，第 74 页。

就已经是杂合的佛教，又多了几分在地化文化的因子。

况且，印度佛教本身就有一个从小乘到大乘的发展。在它的传播实践中，又一直发生着在地化，从而派生了许多支流。中国古代佛教与印度佛教就大不相同，尤其是禅宗。相较而言，它受到西域今新疆一带、贵霜王朝、中亚等地佛教的影响更大一些。它在传到日本的途中实际上也不可避免地发生了在地化和变异。而日本，虽然对异文化“尊重与无视的并存可谓是‘日本式的东西’的特征所在”[①]，然而这种并置实质上是取用。就佛教来说，“在日本至今仍被看作‘外来的思想’”[②]；从而，佛教的律法并没有被日本人真正接受，日本本土的神道教、本能文化依然占据了上风，日本和尚采取了“拿来主义”，如他们可以娶妻生子。

至于其他异质族群文化，在日本的命运大致也是如此。河合隼雄认为：“日本人善于吸收他国文化是一致公认的。外国的思想和艺术很快就会被‘输入’并‘流行’起来，但这不过是瞬息之间，流行起来的思想突然就会衰退消失，然后又有新的东西流行。如此这般，欧美的思想和艺术等看起来纷纭林立，但在日本母体的子宫中挣扎时都被日本化了。”[③] 日本化，也就是说，文化接触总是伴随着不同文化之间的互渗、扬弃和在地化，而在地化之后的文化不再是其原质原貌，不是非此即彼（either/or）而是亦此亦彼（this-as-well-as-that）的第三种文化。

这第三种文化由于实质上是一种互渗而成的杂交文化，从而与其他相关两种或多种文化具有共通性，同时又具有自家面目。举一个例子，世界范围内的佛塔，在结构上是同一的，都是五层，即表征着

---

① ［日］柄谷行人：《民族与美学》，西北大学出版社2016年版，第164页。

② 同上书，第166页。

③ ［日］河合隼雄：《母系社会日本的病理》，讲谈社1997年版，第89页。

地、火、水、土、风五层结构。但是，从印度到斯里兰卡，到泰国，到柬埔寨，到印度尼西亚，到中国，到蒙古国，到越南，到朝鲜，到日本……这些地区的佛塔，在具体的外在形态上却是各不相同，奇形异状。这表明不同民族文化的接触，在地化是必然的，而在地化表征着杂合性，杂合性即意味着民族文化的星丛并不是独立地共处、彼此互不相干，而是相互之间存在着冲突、互渗、融合和新的生成。文化接触，与其说是和而不同，不如说是彗星在星丛间的穿越，最后以陨石的形态呈现。

自我与他者是一个间性解释的框架，而自我之于他者也是他者，从而主体间性就成为他者间性。间性存在的前提，也是矛盾的对立统一体，从而不存在只有和谐而没有冲突的间性。文化接触中的间性自然也不例外。“和而不同”，其实是一种乌托邦共同体状态，是弱者、边缘他者在政治上的理想追求，它体现了弱势文化与强势文化和平共处的企望。

我们大多数是和平爱好者，然而，从实际的客观效果来看，人类的文化接触史，战争与和平一样对于彼此之间文化的交流和进步起了意想不到的互渗和影响作用。亚历山大东征、蒙古兵西征、大唐与阿拉伯军队的战争，等等，和平爱好者如何看待其间的文化接触呢？是大张旗鼓地坚决反对吗？可是，正是这些战争，将中国的印刷术传到了西方；希腊的雕塑文化随着亚历山大的军队传到了中亚、南亚等地；蒙古兵西征将大西域的工匠、乐人等东迁，促成了东西方文化的交融，如北京古城就具有西域文化的留痕。

“战争无非是政治通过另一种手段的继续”，战争是政治的一种极端，也是文化接触的一种极端状态，它是文化矛盾冲突的政治性显像。战争中的胜利者的文化，作为一种征服文化，具有无可替代的强势和优势，从而以殖民的形式、先进的幌子在失败者的文化土地上进行本土化。有一点也是毋庸置疑的，那就是文化的实在也不能一概而论，毕竟现实上存在着先进的与落后的、民主的与等级的、人性的与变态的等诸多文化的差异。从而闭上眼睛，无视文化之间的差异，仅仅是认同或尊重，在现实性上这是极其有问题的。文化接触之后，冲突、融合、新生，从人类文化的大趋势上来看，是具有历史进步作用的。

在当下全球化的时代，文化接触又是如何的呢？全球化语境中的文化接触，是罗伯森所谓的球域化（glocalization）。“球域化”这个单词，本身就表明了同时进行着的全球化与在地化两种状态的过程，即 globalization 与 localization。“通过与他者相遇，我们自己被认识、被扩大、被更新。”[①] 球域化超越了现代性，也超越了后现代性，它是站在二者之间“无穷无尽的矛盾、对抗之上，一个永不确定的表接（articulation）之上”[②]。在这过程中，文化的旅行、接触与互渗，难免遇到他者文化的抵抗。但总的情况，便是吉登斯在《现代性的后果》里所说的，全球化“不是一个平衡发展的过程，它在粉碎，也在整合”[③]。而无论是粉碎，还是整合，它们都是在地化。文化的在地化，在某种意义上就是新文化的生成。

二　民族文化之间差异的现实性

文化间性之于人类文化是一个事实，然而人们对这个事实的理

① 金惠敏：《全球化就是对话——从当代哲学家伽达默尔谈开去》，《紫光阁》2005年第12期。

② 金惠敏：《全球对话主义：21世纪的文化政治学》，新星出版社2013年版，第5页。

③ Anthony Giddens, *The Consequences of Modernity*, Stanford: Stanford University Press, 1990, p. 175.

解，却一直充满了理想性。如文化间性的学理目的，是“文化间性致力于不同文化之间的相互理解、相互尊重、相互宽容，以文化间的相互开放和永恒对话为旨归”①。其功能，则是“文化间性理论超越了文化趋同论和文明冲突论，强调了各个民族文化之间的共存、对话和融通。文化间性理论可以成为现代世界各个民族文化交往的共同准则”②。从中可知，显而易见，这些都是人们关于文化的美好的想望，而不是事实。

上引所述关于文化间性的理想性，固然说明论者意识到文化之间的差异问题，然而忽视了这个问题的现实品质。在实际的世界中，文化接触充满了刀与火、血腥与白骨、误解与冲突……族群的自我意识，经常充斥着“非我族类，其心必异”的防卫和仇视心态；以自我为文明，视他者为野蛮；以自我为中心，他者为边缘；以自我为尊贵，视他者为卑贱；我者政治是民主的，他者政治则是落后的；自我是善良的，他者则是邪恶的……文化间性差异的现实性难道不是这样的吗？族群文化的差异，确实是存在着强弱、先进落后、文明野蛮、征服被征服之别，等等。可是，它们相互认同、尊重或者对话吗？

金惠敏认为，“差异即对话”③。列维纳斯认为他者是不可理解的绝对存在，人们固然可以“面对面”，可是彼此之间无法进行深入交流。笔者更倾向于列维纳斯的“绝对的他者”，源于发现人们彼此之间的交流何其艰难，而误解误会似乎就是生活本身。但是，金惠敏认为他者一旦对话，就具有了主体的维度，从而绝对他者就成为不可能④。

① 蔡熙：《关于文化间性的理论思考》，《大连大学学报》2009 年第 1 期。

② 王为华：《文化间性与和谐世界》，黑龙江省文学学会 2011 年学术年会论文集，2011 年。

③ 金惠敏：《差异即对话：一份研究纲领》，《中国比较文学》2016 年第 4 期。

④ 金惠敏：《全球对话主义：21 世纪的文化政治学》，新星出版社 2013 年版，第 20 页。

当他解释说艰于沟通也是一种对话或“对话也可能根本就不是为了‘共识’‘沟通’‘一致性’，而是为了‘差异’‘谅解’”，即“对话”就是“和而不同”[①] 的时候，“差异即对话”是有其道理的。

族群文化之间如有高下优劣之分，平等对话何以可能？任何不同文化之间都可以进行对话的观点，具有“抽象化之倾向”。克拉考尔在《电影的本性》中对“抽象化倾向”之批判不谓无由。西方人说，上帝在细节之中。我们借助于现实的细节来看这个问题。例如霍皮印第安人独有一种时间观念，从而无法翻译为其他民族语言，于是这种时间的独特性意识如何进行对话而交流呢？

朱利安《间距与之间》认为，在文化交流中，应该用“间距”代替“差异”，因为间距意味着不同的文化主体能够摒弃特殊性或普遍性，在一种网状的文化世界里以面对面的形式形成一种新型的对话关系。但是，差异存在之后的对话并不意味着文化“之间”的理解、共享。因此对话仅仅是文化接触之一种存在形式。

对话何以艰难？曾有一句笑谈，说人与人之间的差别，有时候比与猴子之间的差别还大。在现实生活中，误解其实是常态，而心心相印、高山流水之知音反而极为罕见。这是为什么呢？用伽达默尔的观点来看，前理解限定了人们进行理解的何所向，而事实是每一个主体的前理解都不完全一样，从而前理解的差异便是对话的一个障碍条件。另一方面，语词的意义，用维特根斯坦的话来说，就是其被使用，从而语境绑定了语词的具体含义。这也是对话的一个障碍条件。无论是个体，还是族群，作为主体，都存在着这个现实问题。

---

① 金惠敏：《无限的他者——对列维纳斯一个核心概念的阅读》，《外国文学》2003年第3期。

由以上可知，文化间性差异的问题，并不是一个简单的认同，进而彼此尊重的理论问题，而是在其现实性上存在着由差异而斗争、即使是对话却依然隔阂的实践性事实。因此，探讨不同民族文化之间真正交流、理解何以可能的问题，应该进入间性思想者的视域之内。

三　文化的民族性与杂合性

据安德森的考察，民族是一个“想象的政治共同体”[①]。而何谓“文化”的界定则以百千计，威廉斯将“文化”定义为“一种共同的生活方式”。实事求是地说，“文化与其说是一组事物（小说，绘画，电视节目或漫画），不如说是一个过程，一组实践”[②]。同时，“文化观念随着它们所反思的世界而变化”[③]。

族群文化的民族性，有的很独特，具有特殊性，其他民族难以理解，不可沟通；有的则具有共通性，甚至可以说具有普遍性，可以彼此认同、沟通和交流。在人类的文化史上，存在着一成不变的民族性文化吗？没有。每一个民族的文化都在发展变化，都在接触中互渗共生，在这个过程中，冲突、整合、交融是文化间性的常态。

文化的民族性问题首先涉及独特性。非洲摩尔族、西海岸黑人认为天底下最美的颜色是黑色。而白种人、黄种人则认为肤白为美。寒带、亚寒带地区的族群认为大鼻子为美；而塔希提人却认为隆准很丑

① ［美］安德森：《想象的共同体：民族主义的起源和扩散》，上海人民出版社 2016 年版，第 6 页。

② ［英］斯图尔特·霍尔：《表征——文化表象与意指实践》，商务印书馆 2003 年版，第 2 页。

③ ［英］特里·伊格尔顿：《理论之后》，四川大学出版社 2006 年版，第 189 页。

陋，他们把颜面压平为美。俄罗斯人反感、讨厌青蛙，而中国人则对青蛙很有好感，如“稻花香里说丰年，听取蛙声一片”“蛙声十里出山泉”等。古代的汉民族认为三寸金莲为至美，非洲、印度的女人结婚后将鼻子穿孔，以之为美。泰国克伦族为什么以长颈细腿为美？楚人为何以细腰为美？佛教徒为何以大耳朵为美？鲜卑人为何以健硕为美？……即使仅仅从审美文化的民族性来看，其特殊性、独特性和不可通约性就是不言而喻的。

文化的民族性是某一族群特有的共同性吗？如果是，那么这一特殊性从何而来？何以特殊？为何特殊？是这个族群所居住的环境、时代、种族的原因形成的吗？是哪些族群强调特殊性？是强者强调自己文化的特殊性吗？一般说来，政治上、经济上和文化上的弱势群体倾向于强调其特殊性。只有那些弱者、边缘、他者，才会以特殊性为幌子进行关照性辩护或以此争取自己的权利。金惠敏对这个问题分析得很透彻，他说：“弱者的强大在于其特殊。”① 对文化特色论的强调，在经济上落后、政治上孱弱的时候，有其存在的合理性。可是，如今，时过境迁，在全球化的时代，在中国经济已经成为世界上第二大实体的时候，就不能再强调民族文化的特殊性，否则“它将中国绑缚在弱势、另类和边缘的位置上，阻碍其参与国际话语体系的建构”②。

人类的族群文化自远古至今，一直就是相互之间互渗、互撞、互生的。“由不同的异质成分所组成的文化永远在发展变化，并且不断地进行文化之间的对话。”③ 即使在古代，不同族群文化相互影响之

① 金惠敏：《价值星丛——超越中西二元对立思维的一种理论出路》，《探索与争鸣》2015 年第 7 期。

② 同上。

③ ［荷兰］德·穆尔：《禅宗与电脑维护的艺术》，《东方丛刊》2008 年第 1 期。

深、之广、之大、之密都是超出我们今人的想象的。从而，民族文化的另一个特性就是其杂合性。在世界上，没有哪一个民族的文化是纯粹的、单一的。如上所述，文化接触、冲突和交流是族群文化存在和发展的主要趋势。就像彝族的民间故事中多有其他族群文化的叙述，如玉皇大帝、天王、龙神等。蒙古族的口述文学中，多有喇嘛教的传说故事。少数民族的口述文化中，多掺杂有汉民族的精神文化。如此等等，都表明即使是深居穷乡僻壤或是深山老林，民族之间的文化交流仍然是频繁、深入而辐射面广的。某一族群文化的封闭性和纯粹性，往往不过是后人的一种想象罢了。

文化民族性的极致，可谓国粹。然而，国粹一般说来却是民族文化与异质文化杂交的结果。例如，“中山装则源自西方，是在西学东渐的背景下，由日本学生服改造而来”①。大陆文艺青年一度追捧的森林系服饰其实是来自日本的自然风服饰。旗袍被看做国粹，然而它是满族旗装与西方服饰立体审美观结合而成的，是现代文化的产物。旗装体现的是含蓄美，旗袍则是立体美的标杆，而女性立体美的审美意识来自西方。

从文化接触的角度来看，没有纯粹的他者文化，没有纯粹的民族性文化。文化共同体不是互不相干的并置，而是交互关联、彼此冲突、接触互渗、你中有我、我中有你。民族文化的特殊性，一般说来，其实也是文化杂交的产物。古代汉民族以三寸金莲为美，有西域佛教的影响在。

文化接触的事实是，强者的文化是生存者的文化；强者的文化是强势文化，它吞噬着弱势文化，征服弱势文化，整合弱势文化。整合的过程中，文化互渗和杂合发生其间。文化认同是宣传的结果，是一

① 朱志荣：《日常生活中的美学》，上海人民出版社 2012 年版，第 48 页。

种幻想。金惠敏说得好："服从、等级和仁爱是中国传统社会即农业社会的价值。"① 中国的西方价值观从根本上来说是在地化了的西方价值观，无论是从理论上还是从实践上来说，二者不是完全相同的。

文化对话何以可能？真正切实有效的对话其实并不容易。能够展开对话是需要前提和条件的，不是任意的两者或多者在文化差异存在的情况下就能够进行对话的。在当下的思想界、学术界，中国对于西方的话语、理论和思想更多的不是对话，而是试图去弄懂和套用，是结结巴巴地、似是而非地跟着说，而不是接着说。被翻译、绍介、解读是西方文化在中国的主要的存在形态。金惠敏认为："对话的哲学前提是承认各方有不可通约的生命存在及其本真性，同时对话又是向异己让渡本己的空间，是诚意的邀请和虚席以待。"② 笔者觉得这诚然是一种积极的对策，可是毕竟富有理想性。

一个民族的传统文化是被建构的，是根据现实需要而建构的。对传统文化的理解说到底就是一种当下的自我理解。文化之间是相互渗透和彼此吸收的。所谓的"越是民族的就越是世界的"说法是有其前提条件的，并不具有普适性。很多具有民族独特性的文化，仅仅局限于民族性之一隅，并不能走向世界，甚至不能为其他民族所认可。

四　结语

当下，人们往往高扬不同民族文化接触的理想性，忽视了文化接触的现实性。他们或提倡或想望一种平等的美好对话，或试图推广文

---

① 金惠敏：《价值星丛——超越中西二元对立思维的一种理论出路》，《探索与争鸣》2015 年第 7 期。

② 金惠敏：《当代世界问题与三种对话主义——在洛阳"二程理学现代价值"高端论坛上的发言》，《南阳师范学院学报》2016 年第 2 期。

化独特性中不为异文化接受的思想意识，或将历史业已淘汰的价值观念视做宝贝，供奉在殿堂之上。然而，现实是，全球化的时代，文化接触不是卿卿我我的私聊密语，不是文化复古的自我沉醉，不是一厢情愿的“和而不同”，而是现代性、后现代性的文化整合，是文化差异的丛林竞争，是文化杂合过程中的基因征服。

丝绸之路俗文学的审美文化交流

一　审美客体之随风潜入

虽然据考古而知，远在殷代，西域的和田玉就为中原祭祀所使用。然而，玉石相关的吟咏诗篇由于口述文化的生态而没有流传至后世。张骞凿空之前，民间物品的交流早就颇为频繁，邛竹杖、蜀布等出现在大夏便是明证。至张骞出使西域，天马西来，异域之物作为审美客体影响乃至于改变了人们的感知结构，天马、苜蓿、葡萄、石榴、琵琶、胡旋舞、蚕桑、瓷器、樟脑、螺髻等成为丝路沿途文人吟诵或绘事的对象，异域之美为文人的想象所建构。

汉灵帝“好胡服、胡帐、胡床、胡坐、胡饭、胡箜篌、胡笛、胡舞，京都贵戚皆竞为之”。杂技幻术已进入张衡都市赋的笔下。在民间，表演艺术成为一时风尚，晚至魏晋尚不普及。见之于文献者，有贵族文人之诵俳优小说、胡舞、跳丸等如曹植者，从中似乎可以发覆西域民族风习的交通影响。

唐高宗时期，苏定方率军征伐西域，灭西突厥，中亚地区为大唐之羁縻之地，从而丝绸之路畅通无阻。西域之风物，成为唐人的时尚。“天宝初，贵族及士民好为胡服、胡帽。”西域的窄身小袖袍成为朝服和常服。墓室壁画中时见波斯裤、打马毬等西域风情。贵族崇尚胡食、胡乐，“太常乐尚胡曲”。中唐之后，俗文学更是风生水起。

河西走廊的舞狮子者被称为胡郎，而狮子面为蓝色，这与北狮、南狮皆不同。差异源自宝蓝色为中亚人所酷爱，蓝狮子的审美在民俗上印有中亚的特征。瓷器是古代中国物质文化的骄傲，而青花瓷更是其中的翘楚。然而，中国人自西周以来就形成了对红色的喜好，西方则对蓝色情有独钟。青花瓷必需的原料之一青金石主要来自中亚今阿富汗一带，青金石又是中亚、西亚、西域壁画的材料之一，如撒马尔罕大使厅、敦煌壁画的底色多有蓝色。从色彩审美之地域流动亦可见丝路交流对审美客体的影响乃至于嬗代。

使者、商人、奴隶伴随着驼铃声往返于丝绸之路，他们不仅进行着物的流通，而且沟通着中土与西域的文化、文明。大西域的说唱艺术、杂戏表演等传至中原，而中土的梨桃、丝绢、茶叶、瓷器等被运至大西域。丝绸之路物质文明的交流，使得异域之物成为审美客体。人们面对异域远方之物，从观物、用物到体物、审物，重构生活美学中的审美趣味和风尚。

二 说唱文体之峥嵘共生

西域，是中国、印度、西亚、希腊和北非五大古代文明交织荟萃之地，从而其地域文化富有互渗性、杂合性和互通性。固然，早在先秦，宫廷内就有盲人说唱、歌姬舞蹈。然而，中原汉人说唱表演艺术，尤其是戏曲的发达，却是得益于游牧民族、大西域文化的影响。

南北朝时期，佛教的大盛为隋唐帝国文化的发展奠定了一定的基础。唐人传奇虽然为文人创作，但不乏“光阴听话移”之刺激，遑论其间的牛鬼蛇神、因果叙事、因缘和合等皆取自佛教。俗讲、僧讲、梵呗都是印度佛教、贵霜佛教以及西域佛教东传的有效媒介。变文、讲经文等虽然经过唐末、五代的战乱板荡几乎无遗，然而从敦煌文学仍可以略见一斑。话本小说，是辽、金、宋、元“说话”艺术的结晶。而勾栏瓦舍中诸如说参请、诨经、诨话、说药、说史、野呵小说、合生、平话等说唱艺术，无不深受唐代俗讲、变文的熏染。而明清时期的长篇通俗章回小说，实乃话本小说之苗裔。诚然，抒情诗是古代中国诗歌的主流，而汉语言口述叙事艺术的发达，实得力于丝路文化的互通、互渗和互生。其文本的韵散结合、图文编排、“楔子—正文”结构等都源自佛家的俗讲和变相。其实，佛教之于俗文学，其惠泽远不止于此，如郑振铎认为“宝卷是变文的‘嫡系’子孙”，佛曲、唱辩、平话、词话、曲子词、俗曲、俗赋、弹词、鼓词等皆厚蒙其泽。

《罗摩衍那》是印度的两大史诗之一，傣族史诗《兰嘎西贺》即取材于它。降边嘉措认为，在敦煌文献中，还发现了两种《罗摩衍那》的藏文译本。藏族英雄史诗《格萨尔王》、柯尔克孜族史诗《玛纳斯》和蒙古族英雄史诗《江格尔》在精神思想、结撰结构和人物形象上不仅彼此之间相互内通，而且与中亚游牧民族的传奇故事、民间文学等说唱艺术也存在着互相影响、借鉴和吸收的质素。波斯史诗的英雄故事，既有希腊赫拉克勒斯的影子，又渗透影响至中土说唱文学的叙事结构，从而可见中国傣族、藏族、蒙古族等审美文化与大西域文化的互渗与互通。

在古代中亚，戏剧表演曾经繁盛一时。而在汉语言文学世界中，戏曲艺术较为晚熟。辽散乐富有宗教气息。金诸宫调相对成熟，元杂剧承继金院本而来，而在其兴盛期间，实则亦深受梵剧、佛教宗教剧和中亚戏剧的影响。剖析元杂剧的结构，可以发现古代中国戏曲与西域戏剧之间的暗通款曲、秘响旁通。诸宫调、金院本中有诸多剧本成于汉化的女真人之手。元杂剧为中国戏曲的巅峰，一则承续了金院本，二则与其当时大的生态环境有关。蒙古兵西征，其残暴当然应予以谴责，实际上却促进了不同民族文化的接触和融合。这是一个事实，元帝国的文化交流具有世界性。

三 审美意识之互渗相通

文化之间的接触、冲突、融合丰富和发展了人类的精神文明。他者的审美意识在不同文化的接触和交流中互渗相通。撒马尔罕大使厅的壁画中，唐高宗骑马猎豹图是游牧民族自我尚武精神的投射、移位和重构，而武则天江南泛舟图便是中亚对杏花江南旖旎风光的想象、憧憬和认同。

以中国俗文学中的身体审美观来看，它就是丝路审美文化交流的结晶。话本小说、章回小说中人物体征的描述，如“面如满月”“耳大垂肩”“双手过膝”等皆来自佛教的三十二大人相和八十种好。佛教的法相审美观并非独家自有，而是古印度文化的产物。古代中国的相人术也受到了南亚、西域、中亚等地的影响，如对“隆准”“长人”“美须髯”“环眼豹头”等异相的迷信等。丝路的身体美学，重塑了比较文学形象学的异域想象。

国人或将三寸金莲之审美视作国粹，其实，它与大西域文化盘根错节，如对莲花的审美意识源自印度、埃及。佛教称佛国为“莲界”、寺庙为“莲舍”、袈裟为“莲服”、灯为“莲灯”等，表明佛教亦是丝路审美理念的传播者。在佛教文学中，西域宗教的审美意识与中土宗法伦理的审美意识相互激荡，创造了新形态的艺术形式。而汉家女子缠足的规训又与佛教的苦行意识有着内在的关联。

海上丝绸之路，不仅互通有无，如瓷器、丝绸、茶叶、香料、药材等商品，而且改变着贸易国之间的生活方式和审美观念。汉语言在辽、金、元时期就是国际化语言，从而其文学世界中伦理文化所倡导的“以善为美”也渗透影响到汉语言的使用民族。汉语言文化圈不惟共享如大乘佛教、儒家道德等思想，而且还形成了审美共同体。海外俗文学主体是派生汉字口语文学，如越南的喃文文学、日本的假名文学、朝鲜半岛的乡札文学和谚文文学等都是伦理审美的载体和传播者。其中的愿文、讲谈、劝善文等尤其体现了审美意识的共通性。

审美意识具有民族性、阶级性、历史性和地域性。然而，由于丝绸之路促进了民族文化的会通和交流，民族文化中的审美也带有他者感性学的意识。而丝绸之路杂合而成的审美意识更是在客体、文体、结构上改变了不同民族传统文学的体系构成。

丝绸之路上的俗文学，是不同民族审美文化接触和会通的书记员，记载了审美客体、表演艺术、民俗时尚、审美意识等的流传、交流和变异，为人类精神文化、文明的交通史树立了一座不可磨灭的丰碑。

论李行道《灰阑记》的世界文学性

一　问题的提出

金末元初李行道所创作的北乐府《灰阑记》，全名为《包待制智赚灰阑记》，又名《包待制智勘灰阑记》，是一部世界名剧。

然而，细读《灰阑记》却有两大困惑：一是，与汉民族文化迥异的法律文化为何竟然能够成为故事展开的前提？马均卿的正妻马大浑家毒死乃夫，诬陷小妾张海棠，威胁道："你要官休，还是要私休？""你要私休，将一应家财房廊屋舍带孩儿都与了我，只把这个光身子走出门去。你要官休呵，你药死亲夫，好小的罪名儿，我和你见官去。"①《灰阑记》虽然成于汉地，但是其中的法律文化却不是汉法。在汉法中，自西周以来由于实行嫡长子继承制，所有妾生的儿女都以嫡母为母亲，而生母是姨娘。就像《红楼梦》中赵姨娘所亲生的贾环、贾探春都喊王夫人为母亲；《儒林外史》中严致和的妾赵新娘生的儿子喊王氏为娘。《释名》云："妾谓夫之嫡妻曰女君。"② 在《灰

① 李行道：《包待制智勘灰阑记》，载王季思主编《全元戏曲》第3卷，人民文学出版社1999年版，第577页。

② 刘熙：《释名》，《释名疏证补》，中华书局2008年版，第160页。

阑记》中，张海棠是妾，马大娘子是马均卿的正妻。如果按照汉法，张海棠所生的儿子寿郎，只能喊马大娘子为母亲，而喊张海棠为姨娘。即不管马寿郎是否是马大娘子所亲生，他都是马大娘子的儿子。如此一来，哪还有《灰阑记》中所谓的“你要官休，还是要私休”的问题。也就是说，如果在汉文化语境中，张海棠根本就没有资格也没有必要去跟马大娘子打官司，从而《灰阑记》两妇争子的前提根本就不存在。从而表明，《灰阑记》不是汉文化生态中土生土长的艺术作品，而是来自异域。

二是，《灰阑记》问世之后在中土为何似乎水土不服，成为无根之木、无源之水而没有继承者？元代之后，《百家公案》与《三侠五义》中的包公戏或包公故事，均不见《灰阑记》的身影。然而，它在西欧却风生水起，生机勃勃。在克拉本德和布莱希特眼中，它是那么似曾相识，从而产生了惺惺惜惺惺的情愫，因此它在西方获得了新的生命力，或被翻译，或被改编，或被上演，成为世界上经久不衰的著名戏剧。然而，在产生它的本土竟然没有承续者，昙花一现，从此难觅踪影，这个现象实在是令人不可思议，那么这究竟是何故呢？这是由于中土没有它存在和生长的土壤和气候。这又说明民族文学的世界性是地方性感应与文化认同，也表明《灰阑记》的文化土壤原本就不在中土。

二　从财产继承法看法律文化的民族性

元杂剧具有世界文学的性质，这是由于它生成于不同民族文化大融合的历史时期。不仅女真、契丹、奚族、蒙古、汉等民族文化相互之间彼此接触、冲突、影响、渗透和融合，东土文化也与西域文化、中亚文化、西亚文化、南亚文化、北非文化、欧洲文化发生了交流和交融。《灰阑记》就是当时世界文化交流和对话的结晶，致使单纯在汉文化语境中妻妾争子是一个伪问题，在《灰阑记》戏曲中却成为矛盾冲突的缘起。

如此说来，汉语言文学艺术的元杂剧《灰阑记》，叙述的竟然不是汉民族的法律文化，而是其他民族的法律故事。这部戏曲所展现的伦理身份关系，表征了鲜明的民族特性。青天大老爷包拯依据人情物理，判定马寿郎乃张海棠之亲生儿子，于是“所有家财，都付张海棠执业。孩儿寿郎，携归抚养”①。从中可知，马大娘子与张海棠争子的真正目的是争夺财产。即儿子是谁的，财产就属于谁或由谁支配。元朝“法源呈多元性，蒙古法、回回法、金制、唐律兼容并蓄”②。那么，《灰阑记》这种情况所体现的，在元代文化环境中，是蒙古族的习惯法，是色目人的律法，还是印度人的财产法呢？

（一）蒙古族财产继承法

依据《喀尔喀法典》，蒙古族女子在成年后可以和兄弟一样继承父母的一部分财产，不同的是她们将以嫁妆的形式获得。当然，如果已经出嫁，则绝不会取得父母财产中的大部分，因为只有与父母生活在一起，并照顾父母为其养老送终的子或是女才能得到分家以后剩下的全部财产。除此之外，夫妻继承也是蒙古妇女继承财产的一种方式。丈夫死后，妻子可以完全继承丈夫的财产，但是有一个前提，那就是他们没有子女。如果有子女，则妻子只能继承一部分。如果丈夫死后儿女都还小，在这种情况下母亲就代孩子收管遗产。这时她所取得的全部遗产中只有一部分是她自己可以支配的，剩下的待子女长大

① 李行道：《包待制智勘灰阑记》，载王季思主编《全元戏曲》第3卷，人民文学出版社1999年版，第597页。

② 白翠琴：《略论元朝法律文化特点》，《民族研究》1998年第1期。

后她要将其全部返还。作为律法，蒙古族一般是这样规定的，但是在现实生活中却是复杂得多。随着多民族交往的深入，蒙古族的生活方式也发生了较大的变化。蒙古在草原上形成的惯习与时俱进，随着各地交流的加强，人们的观念相互影响，蒙古的传统文化也有所变异。

成吉思汗统一了蒙古各部落，建立了蒙古兀鲁思，然后向世界各地扩张。为了规范蒙古人的生活，重构文化生活秩序，成吉思汗制定了《大札撒》。其中规定："男人的财产管理属于妇女，她们可随意买卖，男子本人完全从事打猎和战争，而不劳神于其他任何事务。"①虽然妇女管理男人的财产，但是，这并不意味着女子占有它们。她们拥有的仅仅是财产的保管和使用权。有时候，蒙古族妇女虽然已经嫁人，但仍可以继承父亲的部分财产，这就更充实了蒙古妇女的财产份额。萧大亨在《北虏风俗》中所说的"如女子已聘人而未嫁者，遇父母殁，亦得分其家产以归。若已嫁之女，不过微有所得耳"② 便是这种情况。

蒙古族的男人主要负责狩猎和从事战争，其他事务尤其是家政都交给妇女。妇女结婚时的嫁妆属于她们自己的财产，经济上相对独立，从而她们具有较高的社会地位，在家庭中与丈夫也相对平等。尽管其在婚姻中仍被视作所出嫁宗族的物化财产，但这种物化和印度妇女直接被当做婚姻的附属品不同。这是由于妇女本身占有财产，且她自己的财产是由其完全支配的，因而她便与其财产一起理所当然地被看作了一种财富。蒙古族妇女拥有数量可观且可供自己支配的私有财产，而这些嫁妆财产在改嫁时是随妇女转移的。这也是蒙古族实行收继婚的缘由之一。

---

① 奇格：《古代蒙古法制史》，辽宁民族出版社 1999 年版，第 36—40 页。

② 萧大亨：《北虏风俗》，广文书局 1961 年版，第 3 页。

蒙古灭掉金国、统治中原的时候，也受到了汉民族文化的影响。元大德七年（1303），户部批转浙西宣慰司呈文云："随嫁奁田等物，今后应嫁妇人，不问生前离异、夫死寡居，但欲再适他人，其元随嫁妆奁财产，一听前夫之家为主，并不许似前搬取随身。"① 这是汉族法律和礼法的规定；朝廷的旨意本是各从其俗，汉人婚俗从汉家礼法，不能像蒙古族那样女子改嫁时嫁妆跟着人走。现在天下一统，改嫁时嫁妆不再从蒙古法"搬取随身"，便是汉法的影响使然。

汉民族有"三从四德"之传统，其中的三从之一便是"夫死从子"。然而，如果孩子幼小，其母则须为之保有财产。这里的"母"是生母还是嫡母？据柳立言考证，在宋代，"妾子是唯一继承人（妾子可以不止一位，下同），嫡母仍在，父产由嫡母掌管"②。《灰阑记》中的马寿郎是妾子，且是唯一的财产继承人，而嫡母马大娘子仍在，因此财产由马大娘子支配，于是"官休还是私休"这个官司即使仅仅从财产继承法来看在汉文化生态里也根本不会发生。元中统五年（1264），圣旨云："若母寡子幼，其母不得非理典卖田宅、人口，放贱为良。若有须合典卖者，经所属陈告，堪当得实，方许交易。"③

蒙古族的婚姻，一般说来，是无媒妁、以财聘、有嫁妆、多妻制。蒙古"其人妻妾之数，任其娶取。能赡养若干人，即娶若干人"④。"成吉思汗诸妻中有大妇之号者五人"⑤，"各妻各有其居

① 《元典章》，陈高华等点校，天津古籍出版社、中华书局2011年版，第652页。

② 柳立言：《宋代的宗教、身份与司法》，中华书局2012年版，第231页。

③ 《元典章》，陈高华等点校，天津古籍出版社、中华书局2011年版，第681页。

④ 多桑：《多桑蒙古史》上册，上海书店出版社2006年版，第29页。

⑤ 蔡志纯、洪用斌、王龙耿编著：《蒙古族文化》，中国社会科学出版社1993年版，第302页。

帐"[①]。一说成吉思汗有五百左右个妻子，这或许夸大其词。据赵翼《廿二史劄记》，"太祖朝称皇后者共二十三人"[②]，即成吉思汗有23位妻子。法国人鲁布鲁乞在其《鲁布鲁乞东游记》记载："在那里，一个人如果不购买妻子，他就不能有妻子。"[③] 这是因为蒙古族婚姻以财聘。《北虏风俗》中记载（妇女）"其归也，所赠嫁仪若帐房、若马驼、若衣服、男女奴仆之类，辄以数百计"[④]。聘仪普遍化，以家财论嫁，甚至以财产处理通奸事宜。蒙古人将奸淫罪看得最严重。《北虏风俗》云："夷俗以奸为最重，故其处治为最严。"[⑤] 一旦发现酋首之妇通奸就将她杀死；至于平民通奸，则以财产刑惩处。

成吉思汗制定的大扎撒规定，子女当然是遗产的合法继承人。《蒙古族文化》认为："家庭财产是丈夫所有，儿子是第一继承人，寡妇是次要的。"[⑥] 蒙古族传统习俗约定："寡妇不能继承亡夫的全部财产，她改嫁后只能带走归她所有的'乌木其'（财产份子）。"[⑦] 也就是说，嫁妆财产跟着妇女走；如果寡妇再嫁，其嫁妆随身而去。因而，如果《灰阑记》所述为蒙古族，那么马大娘子、张海棠各自都拥有自己的财产，属于各自支配，从而就不会出现戏曲中的争执。

成吉思汗为忽必烈娶的第一个妻子叫秃鲁诲真，"当她十三岁时，参加晚会为忽必烈合罕娶了。尽管忽必烈合罕娶她早于所有诸妻，但

① 多桑：《多桑蒙古史》上册，上海书店出版社2006年版，第29页。

② 赵翼著，王树民校证：《廿二史劄记校证》，中华书局2018年版，第703页。

③ ［法］威廉·鲁布鲁乞：《东游记·出使蒙古记》，道森编，吕浦译，周良霄注，中国社会科学出版社1983年版，第128页。

④ 萧大亨：《北虏风俗》，广文书局1961年版，第2页。

⑤ 同上书，第4页。

⑥ 蔡志纯、洪用斌、王龙耿编著：《蒙古族文化》，中国社会科学出版社1993年版，第308页。

⑦ 同上书，第307页。

因为她没有孩子，所以她的地位低于其他诸妻”[①]。蒙古统治阶级大多是多妻多子，他们在财产分配上有所区分，由其生母的地位来决定，长妻之子称为“正室生”，非长妻之子称为“庶生”。“按照蒙古人的风俗，同父诸子的地位与他们生母的地位相一致，因此长妻所生的子女，享有较大的优待和特权。”[②] 蒙古人的系谱按正室生的系统传承下来，庶生则不受重视。如果是这样，张海棠为妾，她所生的马寿郎恐怕在财产分配上也没有优势，从而表明《灰阑记》所叙述的财产分配原则，并不适合于蒙古族。

元代孔齐所著《至正直记》卷一“脱欢报应”中记载脱欢大夫之妻欺侮并驱逐继子，而将家财悉数给了女婿。“脱欢大夫唯一子一女，其妻悍暴不能制，脱欢畏之。一日，招婿名曰虎舍者，又贪鄙不仁，尝侮其亲子。子盖妾所生也。脱欢卒，其妻逐其子并妇，以婿立为嗣，凡家产田宅，尽为婿有。家奴林总管者，每怀不平，乃扶其子名庆舍者，诉之官。官谕之，不伏，遂各执兵器相卫，久不能解，以致内外交兵。虎舍尽携家财、妻孥遁，庆舍始主其业，则已荡废矣。”[③] 孔齐的叙述，符合蒙古族习俗，即妾生的儿子，不如妻生的女儿。

（二）回族的财产继承法

《灰阑记》所反映的财产继承问题，不属于汉民族，也不属于蒙古族，难道是属于色目人吗？马均卿为何姓马？元杂剧中的回族姓有

---

① ［波斯］拉施特：《史集》第1卷第1分册，商务印书馆1983年版，第187页。

② ［伊朗］志费尼：《世界征服者史》上册，何高济译，江苏教育出版社2005年版，第44页。

③ 孔齐：《至正直记》卷一，《续修四库全书》第1166册，上海古籍出版社2003年版，第225页。

马、纳、哈、史、昝、沙等。回族姓氏的汉化，其主要表现：一为信仰与姓名的结合，如马合麻沙。“马合麻沙”应该是伊斯兰教圣人穆罕默德的音译，回族多以圣人名为姓。“十个回回九姓马，一个不姓纳就姓哈。”“十个回回九姓马，另外还有沙、喇、哈。”二为汉姓与回名的结合，如史牙恰。三是回族姓与汉名结合，如昝雄。《灰阑记》中的员外姓马，他有可能是回族人?

或曰，《灰阑记》所叙述的时间为北宋，地点为郑州，从而马员外不可能是回族人。《灰阑记》所讲述的故事的时间虽然是宋代，但是正如米歇尔·福柯所言，“重要的不是故事发生的年代，而是讲述故事的年代”。为什么呢?因为《灰阑记》这部元杂剧实际上是以宋写元，作者往往是假借宋事来反映、映射作者所生活的时代。因此，成于元代的《灰阑记》，它所叙述的当然也就是元代生活史。从姓氏文化看，依据元代历史情境，完全可以推知马大员外可能是回族人。

然而，伊斯兰尊重妇女，允许男人多妻，允许他可以娶两个、三个或四个妻子，最多可以娶四个妻子。《古兰经》写道：“你们可以择娶你们爱悦的女人，各娶两妻、三妻、四妻；如果你们不能公平地待遇她们，那么，你们只可以各娶一妻，或以你们的女奴为满足。”①她们都是妻子，彼此之间地位平等，这与汉民族妻妾制不同。妻妾制中的妾虽然有家庭身份，但是没有地位。而伊斯兰教规定，教徒对所有妻子，在生活费、衣服、分配就寝方面，必须一视同仁。《古兰经》教导说：“即使你们贪爱公平，你们也绝不会公平地待遇众妻；但你们不要完全偏向所爱的，而使被疏远的，如悬空中。”② 由此可知，伊斯兰规定的多妻制，妻子之间的地位是平等的，与古代中国汉

① 《古兰经》，马坚译，中国社会科学出版社2013年版，第54—55页。

② 同上书，第70页。

民族一妻多妾制不同，后者妻妾之间的地位是不平等的，有霄壤之别。

而在《灰阑记》中张海棠是妾，与马大娘子地位不平等，从而可知戏曲所反映的不是伊斯兰教规定的家庭伦理关系。况且，《古兰经》对财产的分配有详细的规定。如果她们都是回族人，丈夫生前对其财产分配均等，也就不会存在两妇争子的叙事了。

（三）印度的财产继承法

古印度两个妇女争夺儿子的故事，有其本民族的文化特征。两个妇女是同一个亡夫的妻妾，她们争抢儿子不仅由于相互嫉妒，而且出于家庭地位和经济方面切身利益的算计，因为按照印度民族的习俗，唯独有子嗣的母亲才能成为一家之主，支配家族财产，而没有子嗣的则只能处于从属地位。印度《摩奴法论》规定："不孕的应该在第八年被更换；其后代已死的，在第十年；只生女儿的，在第十一年。"① 马均卿之所以娶妾张海棠，原因之一就是其嫡妻马大娘子没有生育。由此来看，马大娘子争夺张海棠的儿子马寿郎，不谓无由。

印度妇女虽然按照法律规定和习俗得到一笔嫁妆，并在大祭和节庆上能够得到一些馈赠，但是她们除此之外几乎没有其他继承来源。因为"妻子、儿子和奴隶三者相传是没有财产的；他们属于谁，他们所挣的钱就属于谁"②。有时候，兄弟们可以从自己所获得的分配额中拿出来一部分给予自己同母的未婚姊妹，从而使她们能够结婚。"兄弟们应该从各自的那一份中拿出四分之一分别给本种姓的未婚姐妹；不愿给者就会丧失种姓。"③

① 《摩奴法论》，蒋忠新译，中国社会科学出版社 2007 年版，第 184 页。

② 同上书，第 176 页。

③ 同上书，第 186—187 页。

在印度，妇女所占有的主要财产是衣、食、日用品，这些东西价值并不高，其家庭资源的占有就较少，再加上重男轻女的歧视性思想极为普遍，所以印度妇女的社会地位就非常低下，以至于《摩奴法论》规定“女子应该昼夜被自己的男子置于从属地位”[①]。印度妇女虽然可以使用种类繁多的财产，如“他应该让她去拿着钱财、花费钱财、搞清洁、行法事、做饭和照看家具什物”[②]，但是这些财产在很多时候并不完全属于妇女，而且时刻面临失去的风险。妻子、儿子和奴隶被法律宣布不能自己占有任何财产；其所能取得的一切是其从属人的所有物。这就从法律上直接剥夺了妇女的所有财产，让妇女的财产连同妇女自己处于丈夫的从属之下。

如前所述，印度的习惯法规定，有孩子的妇女才能在丈夫死后成为家主，支配家庭财产；没有孩子的只能服从于有孩子的。结合《灰阑记》可知，马大娘子虽然为大妻，但是没有孩子，因此要想获得家庭财产支配权，就必须夺张海棠之子为己子。张海棠虽然是妾，但是由于她有亲生的儿子，按照印度的婚姻财产法，她可以成为一家之主，并支配财产。正是由于这个习俗和法律，等包公断定张海棠为马寿郎的生母后，就判决“所有家财，都付张海棠执业”。这里的“执业”，是“执掌管理”之意。这就更印证了印度婚姻制度中的财产关系，即只有男子拥有财产权，而有子的寡妇只拥有财产管理权，没有孩子的寡妇则从属于有子的。从而表明，《灰阑记》二妇争子故事情节的前提和逻辑，与印度的婚姻财产法完全吻合。

在马员外死后，马大娘子与张海棠争子，在汉文化语境中，这是

① 《摩奴法论》，蒋忠新译，中国社会科学出版社 2007 年版，第 177 页。

② 同上书，第 178 页。

绝对不会出现的事情。因为，如前所述，丈夫死后，妾生独子继承财产，但是“父产由嫡母掌管”。马寿郎的生母为妾，按照蒙古族的习俗是庶生子，在财产分配上分得很少甚至于没有。结合《灰阑记》可知，马寿郎并没有受歧视。从而可知，《灰阑记》的财产分配原则也不是蒙古族的。回族婚姻法规定所娶妻子一律平等，没有妻妾等级之分，而马大娘子与张海棠一妻一妾，显然不是伊斯兰教教徒的家庭伦理。然而，杂剧《灰阑记》文本中的婚姻财产关系与印度婚俗中的财产关系完全契合，表明其来自大西域。

印度的上述婚姻财产伦理关系，是依据于两妇争子的故事展开的，那么，它是如何传入东土的呢？两妇争子的原型，以两河流域和南亚次大陆为古老，即《灰阑记》所叙述的两妇争子故事极有可能是随着蒙古兵西征东还而流传到中土的；元帝国驿站四通八达，商贸频繁，民族文化交流、融合成为常态，从而东西方文化的杂合便是题中应有之义。

三　《灰阑记》伦理文化的民族性

中华民族是一个由56个民族组成的大家庭，而汉民族的形成其实也吸收、杂合了其他多个民族的文化精髓。陈寅恪以文化论民族，委实是卓识。元杂剧中的汉语言，掺杂了蒙古语、女真语、契丹语等的音译，此不细论。即以伦理关系来看，元杂剧所展现的文化景象，就富有多民族多种族多文化杂糅的特性，是元帝国时期世界性文化化石的留痕。

（一）族群接触之民族杂合

金世宗大定十七年（1177），金国朝廷下令允许契丹人“与女直人相为婚姻”[①]。金章宗明昌二年（1191），又批准了尚书省关于“齐民与屯田户往往不睦，若令递相婚姻，实为国家长治久安”的奏议[②]。蒙古人灭金进入中原后，由于蒙古人实行一夫多妻制，从而与其他民族通婚者颇多。例如，蒙古人进士百嘉纳娶了哈剌鲁氏。其他不同民族之间的通婚现象也较为常见。铁迈赤，哈剌鲁人；妻刘氏，汉人；儿子虎都铁木禄“好读书，与学士大夫游，字之曰汉卿”[③]，又叫刘汉卿。丑闾娶了钦察氏，而他母亲是庸里氏。异族通婚是民族融合最直接、最有效的途径。杂剧《调风月》中的女真人燕燕对玩弄感情的小千户予以反抗，艺术地再现了异族通婚的事实。《紫云亭》《拜月亭》《村乐堂》等剧也都有异族通婚的叙事。《紫云亭》描写女真官员子弟的婚姻情感问题，完颜氏之子灵春马主动追寻并跟随勾栏艺人韩楚兰谋生，其跨民族跨阶级的婚姻叙事，具有无穷的艺术魅力。《拜月亭》女真尚书小姐王瑞兰和汉族书生蒋世隆在战乱中患难与共结为夫妻，或许便是乱世情爱的写照。《村乐堂》则讲述了女真人王同知与汉族岳丈张仲之间的矛盾冲突。

（二）杂剧作者的民族问题

《灰阑记》作者的民族属性值得探究。李潜夫，字行道，一作行甫，绛州人，生卒年不详。钟嗣成《录鬼簿》将他列为“前辈已死名公才人，有所编传奇行于世者”。《录鬼簿》成书于元文宗至顺元年（1330）。天一阁本《录鬼簿》有贾仲明补吊词云：“绛州高隐李公潜，养素读书门镇掩。青山绿水白云占，净红尘无半点。纤小书楼插牙签，研架珠露《周易》点，恬淡齑盐。”中国文学史一般认为李

① 脱脱等：《金史》，中华书局 1975 年版，第 1964 页。

② 同上书，第 218 页。

③ 宋濂等：《元史》，中华书局 1976 年版，第 3003 页。

行道为汉人作家，然而从其创作的杂剧来看，似乎未必然。何谓汉人？这个问题，笔者在《蒙元杂剧与科举制度》中做过考察，发现元代所谓的“汉人”，与我们想当然所以为的“汉人”迥异。蒙古人眼中的“汉人”，指的是亡金统治下的汉民族，宋王朝辖区里较早投降蒙古国的四川人，会说汉语言的女真人、契丹人和奚族人等①，并非仅指汉民族。

“无论蒙古、色目、‘北人’，在‘南人’眼中，他们都是‘北来之人’，都是‘北人’。尤其在‘曲界’，蒙古人不入曲界；色目极少数（但地位甚高，如贯云石）；‘作曲’主要的是‘北人’。”② 这里的“北来之人”除却蒙古人、色目人，就只有“汉人”之北人了。而当时的“汉人”指的就是亡金曾经统辖下的会说汉语言的多民族族人。

女真金国统治时期，尤其是金世宗时，大批的契丹人更改其氏为汉姓。金国末年，又有大量的女真人改为汉姓汉名。因此，如果纯粹从姓氏来看就根本判断不出其民族属性。《便宜行事虎头牌》的作者“李直夫”这个姓名，表面上看是汉族人，其实是女真人。《录鬼簿》云：李直夫本姓蒲察，“女直人，德兴府住。即蒲察李五”。平阳籍贯的作家石君宝、李潜夫、郑光祖、狄君厚、孔文卿、赵公辅、于博渊七人，从姓氏来看，石、狄、于都极有可能是非汉民族。李虽然是汉民族大姓之一，但是具有鲜卑血统的李唐王朝曾赐李姓于游牧民族将领勋臣。不惟李唐王朝，中国历史上许多王朝多有赐姓。汉姓并不表明他是汉人，如后唐李克用、李存勖、李从珂、李嗣源等都是沙陀

① 张同胜：《蒙元杂剧与科举制度》，载陈平原主编《科举与传播：中国俗文学研究》，北京大学出版社2015年版，第223页。

② 洛地：《〈录鬼簿〉的分组、排列及元曲作家的“分期”》，《上海戏剧学院学报》2004年第3期。

人。后汉刘知远也是沙陀人。后赵是羯族人石勒、石虎建立的王朝。杨景贤是蒙古人。《录鬼簿》记载胡人曲家著名的有：贯酸斋、马昂夫、不忽木、萨天锡等。他如虎伯恭、沐仲易、赛景初、月景辉、王景榆、金元素、金子仁、兰楚芳、丁埜夫等都是《录鬼簿续编》中所记载的外族艺人曲家。此类现象，不可胜举。从而回归历史语境，亡金遗民文人中一部分应该是女真人。同样的道理，李行道既然尚未意识到汉民族文化的宗法嫡庶制度，就说明他不是纯粹汉民族伦理文化圈里的人，从而极有可能是女真人或契丹人。鉴于契丹人往往仅是改汉姓，而女真人则汉化程度较深，能够创作诗文或杂剧，因而李行道是女真人的可能性更大。

（三）北曲观众的接受问题

元代《灰阑记》的观众是谁？似乎主要是汉化的女真人或色目人中的有闲阶级？如果是南人，他们在观看《灰阑记》的时候，难道不质疑故事中案件发生的前提吗？深受汉文化礼教熏陶的观众能够接受这种“虚假叙事”吗？元杂剧的观众主要是哪一些人呢？日本学者吉川幸次郎将“平民”列为元杂剧听众的首位[①]，认为“士”既是观众又是作者，从而提升了元杂剧的文学性[②]。此说有一定道理，观众一般说来应该是市民中的有闲阶层。

杜仁杰《庄家不识勾栏》表明农民忙碌着种地，偶尔进城，懵懂看戏。小商小贩早起晚眠，奔波于生计，大块闲暇想来也不多。唯有驻扎在都市里的大兵及其家属，是不是有条件听戏？蒙古兀鲁思的军队出征，其家属都是随军的。据南宋孟珙《蒙鞑备录》可知，蒙古

① ［日］吉川幸次郎：《元杂剧研究》，郑清茂译，艺文印书馆 1977 年版，第 44 页。

② 同上书，第 69—70 页。

大军“不以贵贱，多带妻孥而行，自云用以管行李、衣服、钱物之类”。蒙古兵三次西征，在西域征发签军，组建为“回回军”“哈剌鲁军”“阿儿浑军”“西域亲军”“探马赤军”等，以及西域降附蒙古的从附者，“这些人乃以军士身份被签发东来”①。蒙古兵攻城略地，唯有工匠、伎女不屠戮，将之东驱而来。从而西域文化也随之流传至东土。元杂剧是歌舞民族娱乐的产物，继承了金院本的精华。北曲的创作者既然主要以“汉人”为主，因而观赏者似乎也应该以汉人中的闲汉为主。

从《灰阑记》能够在当时被接受可推知，观众中除了上述的“汉人”之外，似乎还有西域来的会说汉语言的色目人？否则，文化上不认同，何以欣赏其中的伦理价值？

四 《灰阑记》的原型与影响的地域性

综观《灰阑记》的发生学、传播史和接受史就会发现，它像蒲公英一样飘来，又像蒲公英一样飘走；在空中旅行，香飘远方。《灰阑记》两妇争子故事的原型在古印度、《圣经·列王纪》、《佛本生经》、应劭《风俗通义》、阿拉伯文《古兰经先知故事集》的“素莱曼先知判决争子案”和藏族《巴协·金城公主的传说》等中都可以发现其身影。从时间先后来看，其源头是西域是无可置疑的。这种来源的地域性，表征了《灰阑记》内在意蕴与西域文化的契合性。

（一）原型的地域性

我们先来看看《灰阑记》产生的历史背景，因为背景也参与文学

① 马建春：《元代的回回军士及其活动》，《回族研究》2005 年第 4 期。

意义的生成。《灰阑记》创作于亡金至大元之前。当时的元文化，本质上是世界帝国文化，因为蒙古兵西征，带回来大量的驱口，其中以工匠、倡优为主。当时的元帝国文化，吸收接纳了中亚、南亚、西亚甚至是东欧的族群文化。

古印度两个妇女争子的故事，有其本民族的文化土壤。印度是故事的海洋，神话、史诗、传说、故事、寓言等都云蒸霞蔚，蔚为大观。中国人熟知的是佛教故事，其实，之前的印度口述文学中就有两妇争子的叙述。在印度长篇故事《查塔卡》里，释迦牟尼投生为大药王，所判的案件就是两母争一子。《佛本生》写道：一位母亲和孩子在池塘里沐浴，这时一个母夜叉突然出现，抢走了孩子。这位母亲连忙追上母夜叉，抓住她不放，为夺回孩子与她争执起来。智者闻声而至，为她们主持正义。他在地上画了一条线，把孩子放在线中央，让母夜叉抓住孩子的双手，母亲抓住孩子的双脚，说："你们两个使劲地拽这孩子，谁能拽过去，这孩子就是谁的。"于是两人开始拼命拽拉，孩子痛得大声哭喊。母亲不忍心，便松了手，站在那里哭泣。智者当着众人的面把孩子判给了母亲，并训诫了母夜叉。

《圣经》中也有两妇争子的故事。《圣经·列王纪》上第 3 章 16—28 节写道：两个妓女同住一所房子，都同时生了孩子。一天，她们到所罗门前申诉。其中一个说："夜间那女人睡着时压死她的孩子，趁我正在睡觉，用死孩子换走了我的孩子。"另一个则说："活孩子是我的，死孩子是她的。"两人争执不休，互不相让。所罗门令人拿刀来，把活孩子劈开，两人各分一半。母亲急忙制止道："求我主将孩子给那妇人吧！万不可杀他。"另一个女人则说："把他劈了吧。"所罗门判断出不让杀孩子的妇人才是真正的母亲，于是便把活孩子断给她。

从时间上来看，上述的两妇争子叙事较早。时间先后，在探讨原型和影响研究中是极其重要的，因为它直接决定着谁是源谁是流的问题。而之后，在多个民族的故事中都出现了诸多类似的叙述。例如，《古兰经先知故事集》中的“素莱曼先知判决争子案”就是其中之一。两个妇女争一孩子，相持不下，请素莱曼裁决。素莱曼命人将孩子一劈两半，一人各分一半。一个妇女哀求说：“我情愿放弃我那一份，千万不要把孩子劈开。”另一个则无动于衷，同意把小孩劈开。于是素莱曼判定不让劈孩子的是亲母亲，把孩子断给她。

中国古代固然也有两妇争一子的故事，但是比较晚出。《魏书·李崇传》记载：寿春县人苟泰有子三岁，遇贼亡失，数年不知所在。后见在同县人赵奉伯家，苟泰告状索子。苟泰、赵奉伯都说那是自己的孩子，并且都有邻居为之作证，郡县不能裁断。李崇说：“这很容易判断。”于是命令两个父亲、儿子各囚禁在不同的地方，数十天之后，派人告诉两个父亲说：“你儿子患病暴死，不再囚禁你了，你可以去奔丧。”苟泰顿时号啕大哭，悲不自胜；赵奉伯只是叹息了几声，没有悲痛之意。李崇得知后，将男孩判给苟泰，并责问赵奉伯诈状。

至于《灰阑记》的渊源，朱炳荪在《〈灰阑记〉纵横谈》中认为《灰阑记》受到了圣经、佛经等外来的影响，而《圣经》和《古兰经》的故事同出一源，都可以追根溯源至西亚久已流传的民间传说。然而，赵兴勤、曲德来等则强调李行道既然是“高隐”，就不会受到外来影响，而是仅仅受到本土《后汉书》黄霸断案的影响。马良田、李福田总主编《中国文学大词典》“包待制智勘灰阑记”条写道：东汉应劭《风俗通义》记颍川妯娌争儿，黄霸令二人抢争。弟媳恐伤亲儿，放手让大妇拉去。从而认为“《灰阑记》即据此改编”。此等说法恐怕皆不确，因为它们是“流”而不是“源”。袁书会考证《灰阑记》的题材渊源及其流变为：“前《贤愚经·檀腻羁品》故事→应劭《风俗通义》中的‘黄霸断案’故事→李行道《灰阑记》→布莱希特《高加索灰阑记》。”[①] 此处的渊源学考索也不彻底。不过，《灰阑记》故事原型据上述梳理可知从西域东迁而来到中土，却是不争的事实。

（二）《灰阑记》后生命的地域性

李行道的《灰阑记》在西方的翻译和翻案表明其与西方文化的契合，它对西欧产生了深远的影响。据文献可知，“早在1832年，法国的朱利安（汉名儒莲）就有《灰阑记》译本问世。1866年德国克莱因在他译著的《戏剧史》中对《灰阑记》作了介绍和评论。1925年，克拉本德在柏林也出版了《灰阑记》全译本。在英国，最早的译本是1925年詹姆斯·拉弗根据德文改编本转译的。此后，在欧洲还有多种译本和译介的文字。影响最大的是德国著名的戏剧家贝托尔特·布莱希特于1944—1945年根据《灰阑记》改编创作的《高加索灰阑记》。”[②] 布莱希特在《高加索灰阑记》楔子里说：该剧是“一个非常古老的传说，它叫《灰阑记》，从中国来的。当然，我们的演出在形式方面做了更动。”[③] 这种翻译、绍介和改写表明，西欧人颇喜欢《灰阑记》。认同、赏鉴、接受本身就是文化内在契合性的表征。正如日本学者青木正儿所言：“欧洲人对此剧特别感觉兴味。”[④] 此说不谬，有大量译本可以作证。问题就在于，为何欧洲人特别喜欢《灰阑记》？青木正儿认为：“大概因为这种裁判方法在西洋所罗门古旧的

① 袁书会：《梵佛异域传因缘：元杂剧〈灰阑记〉题材演变探源》，《艺术百家》2004年第5期。

② 宋柏年主编：《中国古典文学在国外》，北京语言学院出版社1994年版，第339页。

③ ［德］布莱希特：《布莱希特戏剧选》（下），人民文学出版社1980年版，第257页。

④ ［日］青木正儿：《元人杂剧概说》，隋树森译，中国戏剧出版社1985年版，第70页。

传说里面也曾有过。”①

不过，《高加索灰阑记》的判案结果迥异于李行道的《灰阑记》，法官最后将孩子判给了养母，而没有判给亲母，理由是真爱大于血缘。这一点恐怕也难以被汉民族所接受，因为我们一般认为血浓于水，只有存在着血缘关系，才会存在着真爱。古代中国人认为，亲亲为仁。血统亲情，还是正义之爱，体现了不同民族伦理文化的倾向性。

（三）类型学的意义

人文伦理的实质是文化问题。不同民族文化的人文伦理，其具体的生成、运行是不完全相同的。因而，在跨民族的文化传播和接受过程中，只有符合本民族伦理文化才有可能生根发芽、开花结果；否则，即使是姻缘错就，也只能是昙花一现，随即消失。相似的文化基因才有可能产生赏识、共鸣和意义再生产，而再生产性成就了世界文学。

回到历史语境中，可以发现元杂剧实乃具有世界文学之性质。从创作者来看，杂剧的诸多作者是亡金遗民，其中有女真族人，也有其他民族的人。元曲的作者亦有色目人，或谓之西域人。西域人包括中亚细亚各族人、波斯人和阿拉伯人。从观众来看，亦不乏色目人。当时，汉语言是世界性或国际性语言，不惟汉民族说汉语，女真人、契丹人、党项人、高丽人、西域人等皆有说汉语言者。蒙古统治者甚至将会说汉语的女真人、契丹人等称之为“汉人”，而“若女直、契丹生西北不通汉语者，同蒙古人”②。战争促进了族群文化的接触和杂

① ［日］青木正儿：《元人杂剧概说》，隋树森译，中国戏剧出版社 1985 年版，第 70 页。

② 宋濂等：《元史》，中华书局 1976 年版，第 268 页。

合，生成了具有世界性的文学艺术。据杉山正明所论，元帝国乃世界性大帝国，元帝国时期是最初的全球化①。

当时，是一个多民族跨文化的政治共同体。元杂剧具有国际性、杂合性和融通性，是知识产品形态的世界文学。《灰阑记》也不例外。《灰阑记》中的伪问题，即妻妾在根本没有必要争子的文化语境中为何争子？结合着当时的历史语境，只有一种可能，就是这个故事来自异域文化。

何谓世界文学？迄今为止，世界文学的定义至少有六种：作为想象的世界文学，作为类比推理的世界文学，作为西欧文学经典的世界文学，作为所有文学经典总和的世界文学，作为所有民族文学总和的世界文学，作为流传方式的世界文学等。然而，作为事实的世界文学，笔者认为在世界史上是存在的，如元杂剧就是其中之一种，至少可以说它是世界文学的雏形。即以语言视之，其间有多民族语言：曳剌为契丹语之音译、哈喇为蒙古语之记音、赤瓦不剌海为女真语等。

为什么说元杂剧具有文学的世界性呢？首先，它是跨民族的（一般来说，同时也是跨语言和跨文化的），元杂剧涉及汉民族、蒙古族、女真族、契丹族、色目人等，而不在于它是否是经典作品。其次，它在民族精神上与他异性文化接受者具有契合性和共通性。如果没有共通性，一则难于被接受，二则即使是阴差阳错地被接受了，也难以有蓬勃的后生命。最后，它具有事件性。此事件即德勒兹所谓的“生成”，即它在民族文化内在结构上或许同一，但是外在面貌展现中却不一定完全相同，而是各自打上了在地化的烙印。正如世界工厂的物质性生产，“这些工业所加工的，已经不是本地的原料……它们的产

① ［日］杉山正明：《游牧民的世界史》，黄美蓉译，中华工商联合出版社 2014 年版，第 245 页。

品不仅供本国消费，而且同时供世界各地消费”①。《灰阑记》的精神生产和消费也是如此，其加工的艺术原型是大西域的文化意识原料，其形成和存在的空间在赤县神州，而其消费的空间却是全世界。

印度的《五卷书》，被翻译为波斯的《卡里莱与笛木乃》，又被阿拉伯民族改编为《一千零一夜》，毋庸置疑，其当然是世界文学。印度的故事，被波斯、阿拉伯、中亚等地本土化了，成为接受者民族的国别文学，但它具有跨民族、跨语言、跨文化之特性，从而具有世界性。

《五卷书》为印度的文学经典，而民族文学中的非经典作品，亦可能成为世界文学。如汉语言文学中的《风月好逑传》，在中国文学中并非经典作品，但它被传教士翻译为外文，为欧洲所广知，成为世界文学，影响了歌德对世界文学、民族文学的反思。无独有偶，寒山子的诗歌，在中国文学史上未占有一席之地，但是它被翻译为日文，又从日文被翻译为英文，为美国读者所喜爱，其人其诗，甚至影响了美国一代之青年，寒山子的诗歌也是世界文学。由此可知，世界文学并非人们想当然认为的是由所有民族的文学经典或范本构成的，而是民族文学在异域异文化场中流传和交流的结果。

还有一类，就是《灰阑记》这样的文学作品，也具有世界性。它的原型是东迁的西域人带来的，为中土的作家所编纂，在元代的中原勾栏瓦舍里演唱，光鲜耀目，可是随着铁马金戈的北归而旋即消失。从元代之后，明清文学不再见到其踪影，没有此戏曲的改编，没有相关的续书，没有活态的演出。原因可能就在于它本非土产，其中的案件缘起不被汉族伦理文化所认可。但是，它却是墙内开花墙外香，《灰阑记》的故事在西方有其后裔。原因在于它的原型本来就来自西

① 《马克思恩格斯文集》第2卷，人民出版社2009年版，第35页。

方，后又回到了其自己的精神家园。《灰阑记》中的两妇争子展现了真心爱子、舍不得其受伤害乃出于母爱，这是普遍的人性，无论是哪一个地方哪一个民族的母亲，都具有一般人类的禀性；然而，家庭伦理的文化结构和财产继承法却因地因时因人而异。这便是世界性与民族性、普适性与地方性、同一性与异质性等为一体的世界文学的事实存在。

五　结语

元杂剧内蕴世界性文化。依据杉山正明的观点，元帝国是世界性国家，发展了亚欧国家之间的商贸，是全球化的雏形。不同国家的文学、艺术由于语言接触、文化接触及其交融，生成了具有世界性的艺术形态。元杂剧，其语言以汉语言为主，但是也掺杂着蒙古语、女真语等的音译。其故事叙说虽然以汉人传说为主，可是也打上了蒙古族、色目人、女真人、契丹人等文化的烙印。文学的地域性解域了，世界性生成了。

元杂剧究竟是一种什么样的艺术形态？我们应该从元帝国的世界性来重新认识文学史中的元杂剧。其间的审美意识、思想、母题、主旨、价值观、语言接触和叙事结构等，在艺术世界性的透视之下，获得新的意义生成路径。从世界文学这个角度来看，《灰阑记》中法律文化的龃龉问题便获得了历史性的澄清、认知和理解。

元杂剧具有世界文学的性质，这是由于它生成于不同民族的文化大融合的元帝国时期。《灰阑记》所反映的法律文化与汉文化相冲突，这一冲突却是元杂剧世界性的文化记忆。《灰阑记》就是当时世界文化交流和对话的结晶，从而出现了如果单纯在汉文化语境中是一个伪问题，而在元代戏剧中却成为伦理矛盾冲突缘起的现象。

撒马尔罕大使厅壁画里的李唐帝后

图像对他者的异域想象实乃自我的投射，丝绸之路上的艺术是多文明多族群文化荟萃交融的结晶。今天我们对其进行知识考古，不仅发掘它言说着什么，而且发明它背后的深层文化结构。粟特壁画中的李唐帝后是异域想象、自我投射和历史事实的光影折叠。

撒马尔罕（Samarqand）古城大使厅的壁画，1965 年由苏联考古队在阿弗拉西阿卜（Afrasiab）遗址出土，展现的就是波斯新年“纳乌鲁兹”，印度神话史诗，突厥、吐蕃、高丽、大唐、波斯使节团历史记忆和李唐帝后欢庆端午节的文化杂合。在大使厅北墙上有两个图像板块，绘有唐人的生活图景。宿白认为骑马射豹的是大唐使节，而康马泰则认为是唐高宗在上林苑猎豹，武则天在曲江池上扔粽子喂鱼，因为这一天正是中国的端午节，同时又是波斯帝国的新年。

一　唐高宗上林苑射豹

波斯人尚武，国王的政治活动主要有三：打猎、出征、听政。因此，我们经常在考古文献上看见西域人猎狮、猎豹或围猎野猪之场景。粟特人属于东部波斯人，他们长于经商；撒马尔罕地处波斯、印度、突厥、中华之十字路口，是丝绸之路上的枢纽：他们不仅促成了丝绸之路上物的旅行，而且沟通了精神财富的往来。当苏定方率领大唐军队灭掉西突厥之后，朝廷在康国今撒马尔罕设置了康居都督府，隶属于安西大都护府，保障了丝绸之路的畅通。

粟特人勇武，《大唐西域记》记载："其王豪勇，邻国承命，兵马强盛，多诸赭羯。赭羯之人，其性勇烈，视死如归，战无前敌。"粟特人的国王喜欢狩猎，于是粟特人认为天可汗唐高宗也乐于畋猎。他们崇尚英雄天子，因而他们心目中的大唐皇帝也是驰骋在草原上的猎豹高手。粟特人对李唐的移情认知不能说完全是错误的，因为李唐皇室身上委实流淌着鲜卑人的血，鲜卑人是游牧民族，以健硕为美，崇尚野蛮精悍之气，李唐皇帝如李渊、李世民等本是喜欢打猎的，但是汉家文化要求皇帝为社稷计，须持重贵生，故大臣们反对皇帝驰骋打围、畋猎游乐。

唐高宗李治生有风疾，经常头晕。《新唐书》记载：大唐永淳二年（683），"帝（唐高宗）头眩不能视，侍医张文仲、秦鸣鹤曰：'风上逆，砭头血可愈。'后（武则天）内幸帝殆，得自专，怒曰：'是可斩，帝体宁刺血处邪？'医顿首请命。帝曰：'医议疾，乌可罪？且吾眩不可堪，听为之！'医一再刺，帝曰：'吾目明矣！'言未毕，后帘中再拜谢，曰：'天赐我师！'身负缯宝以赐"。

从《旧唐书》可知，唐高宗尽管有风疾，依然曾经打猎四次。但是，显庆五年（660）以后，唐高宗经常头晕目眩，因此不可能骑马围猎。由于汉文化影响，大臣谏止畋猎者历代不乏其人；皇帝持重守成，一般也不会以畋猎自放。波斯人喜欢在封闭之地围猎，故想象唐高宗在上林苑猎豹。其实，上林苑乃皇家公园，里面并没有野生的豹子。中国有华南豹、华北豹、东北豹，也有从西域进贡而来的豹子。在懿德太子墓甬道壁画里，可见胡奴牵着一头云豹，跟随着打猎的人群。豹子一般不是被打猎的对象，而是如同猎犬一样追逐野兽的捕猎助手。

康马泰指出，在撒马尔罕古城大使厅北墙壁画中，唐高宗英勇无比，骑马手持长矛猎豹。“同一头花豹在一个画面上重复出现两次，一次是被唐高宗手中的长矛刺穿，第二次是颓然倒在马蹄边。”旁边是侍卫随从，张弓箭射人立的野豹。从而可知，康国大使厅壁画中猎豹者即使真是唐高宗，也不过是粟特人对大唐皇帝的异域想象，而非历史事实。

二　武则天曲江池上泛舟

在一湖水上，有两条船。其中一条大船上有九位女子泛舟，中间那一位体貌格外高大肥胖（这是当时的画法，如南墙壁画里撒马尔罕新年祭祀，国王骑马出行，其尺寸之大格外引人注目；再如阎立本《步辇图》中的唐太宗，其体格也格外大：康马泰认为这是粟特艺术的特征之一），身穿宝蓝色外衣，据马尔夏克考证，她就是天后武则天。

然而，洛阳的武则天平常穿着什么衣服呢？《旧唐书·志》第二十五记载：“皇后服有袆衣、鞠衣、钿钗礼衣三等。袆衣，首饰花十二树，并两博鬓，其衣以深青织成为之，文为翚翟之形。”从而可知，武则天端午节的衣服应该是“深青色”。宝蓝色是中亚游牧民族王后独享之色彩，高雅尊贵。宝蓝色与青金石有密切的关系，青金石为中亚今阿富汗一带所出产。撒马尔罕古城大使厅整个背景是宝蓝色青金石的地仗。北壁的壁画中，武则天着宝蓝色外衣，毋庸置疑，是粟特画家将康国王后的外服比附于武则天。

唐人重视端午节。我们读《辽史》，发现契丹人过龙舟节，颇感突兀和意外。一般说来，赛龙舟多见之于江南水乡，可是塞北草原竟然也过龙舟节？现在想来，应该是李唐节日传统的遗留和传承。大唐为何举国上下欢度端午节？是不是因为与粟特人的新年在日期上接近或相同的缘故呢？毕竟，大唐在中亚实行羁縻制度近百年。

武则天所乘坐的龙舟，代之龙头的是格里芬，它的形象是鹰嘴狮身。毛铭说中亚人把守护黄金的 Griffin 即鹰嘴狮身兽作为龙。显而易见，粟特画家意识中的中国龙可能就是这副模样。阿富汗吐哈特—伊—沙金遗址出土的宝剑，其剑柄便是格里芬头像。从而表明，粟特画匠创作壁画时所依据的是他们自己的知识认知和艺术想象。

武则天泛舟图上，还有一个独特的琐罗亚斯德教的吉祥神兽塞伊娜（Saena），中古波斯语称之为森木鹿（Senmurv）。它犹如中国的龙凤一样是杂合动物的形象，上身是一双马蹄足，下身是卷曲分叉的鱼形尾，中间是张开待飞的双翼。通常，森木鹿是狗头、鸟身（张着翅膀）、鹿腿、鸟尾或狐狸尾。琐罗亚斯德教崇尚光明，波斯艺术中的森木鹿是“神的荣光”之表征。它亦与琐罗亚斯德教神话中河神、水神为马之形体关系密切。森木鹿出现在唐风的绘事中，便是明显的粟特画家对大唐的遥想玄思。

水中有四条鱼唼喋，顺时针组成一个卐字。卐是上古时代部落族群的一种符咒，见之于古代埃及、印度、波斯、希腊等国。最初它是太阳或火的象征，后来成为吉祥的标志。卐，梵文 Svastika，婆罗门教将其视作好运的象征，义为“吉祥万德之所集”。佛教或将其写作卍，武则天将其定为右旋，定音为“万”。池水中的鱼拼成卐字，表明了什么呢？

三　李唐帝国形象传播的启示

康国古城大使厅四壁上的壁画，是东西方文化、文明交流融合后的艺术结晶，北壁壁画中的李唐帝后是粟特人的异域想象、自我文化投射和宗教认同的形象物语。它给我们的启示就是，任何国家形象的塑造、认知和阐释，都打上了注视者自我文化的烙印，以及对异域文化的了解、把握和想象。艺术作品中的国家形象与其说是客观的再现，不如说是主观的认知；与其说是一种历史实在，不如说是艺术情感；与其说是集体记忆，不如说是文化杂合。

以“奴”起小字与粟特文化

小字即小名或乳名。“奴”的本义为罪人。以“奴”起小名，或以为南朝的习俗，或以为游牧民族的惯习。又有汉学家解读敦煌文献中的某某奴为其身份。此等说法，恐怕皆不确。笔者认为，古人以“奴”起小字实则受中亚粟特人起名习俗之影响，其影响路径是琐罗亚斯德教沿着丝绸之路而东传。

一　小字为“奴”并非奴隶

日本学者田中一成在其专著《中国祭祀戏剧研究》中认为，敦煌文书 P. 3889 中的荆首奴、贺照奴、以清奴、康定奴等都是奴隶，并进而认定唐末至五代的文书里社员名某某奴为“奴婢身份”①。

果真如此吗？其实，这是对小字为“奴”的称谓的误读。

敦煌文书伯五〇三二甲申年十月三日渠社转帖中有张定奴、张丑奴等人名。此转帖明确规定：“须得本身，不用奴。”从而可知，转

① ［日］田中一成：《中国祭祀戏剧研究》，北京大学出版社 2008 年版，第 15—17 页。

帖中的张定奴、张丑奴不是奴隶。

吐鲁番阿斯塔那524号墓所出土的《高昌章和五年（535）取牛羊供祀账》中写道："章和五年乙卯岁正月日，取严天奴羊一口，供始耕。"① 这里的严天奴也不是奴隶。奴婢不能入社，故社员人名虽有"奴"字，但是他们并不是奴仆。

伯三三九一背丁酉年春秋局席社司转帖中有价憨奴、灰奴等。斯五七八八社司转帖有马犬奴、李善奴、董憨奴等。伯三六三六背有田像奴、就庆奴。斯二四七二有高留奴、彭不藉奴、张佛奴等。京都有邻馆敦煌文书51号《唐大中四年十月沙州令狐进达申报户口牒》中有诸多某某奴：（弟）华奴、（弟）胜奴、（男）含奴、（男）佛奴、（男）归奴等。这里的奴字并不表明令狐进达的弟弟们、儿子们是奴隶。敦煌文书中的某某奴，是名字，并不是奴隶的身份。然而，其中又有"奴进子"，这里的"奴"表明其身份，即奴在名前表明身份，而某某奴则非。

二　魏晋以来多见以"奴"为小名

以"奴"起名，并不是始自唐末。自晋代以来，小名用"奴"字便多见之于文献。如西晋石崇小名"齐奴"。潘岳小名为"檀奴"。东晋谢石小名是"石奴"。陶侃的儿子陶范，其小名为"胡奴"。王导的儿子王劭小字为"大奴"；王荟小名叫"小奴"。桓嗣，小名"豹奴"。孙腾，小名"僧奴"。南朝宋武帝刘裕小名为"寄奴"。刘宋时期的徐孝嗣，小名"遗奴"。陈叔宝小名曰"黄奴"。潘妃，小名"玉奴"。任忠，小名"蛮奴"。高佑，小名"次奴"。李沂，小名

① 唐长孺：《吐鲁番出土文书》第1册，文物出版社1992年版，第132页。

“真奴”。北周杨忠，小名“奴奴”。

《北凉承平八年翟绍远买婢契》中的石阿奴贩卖女奴[①]。石者，昭武九姓之一。阿奴，当为其小字。周一良在《魏晋南北朝史札记》中（补订本）认为，“阿奴”有二义：一为“盖东晋南朝时亲昵之第二人称，多用于年长者呼年幼者”，二为“小字”[②]。周嵩、周谟、刘真长等人的小名都是“阿奴”。《隋书·麦铁杖传》载：“将渡辽，（麦铁杖）谓其三子曰：‘阿奴当备浅色黄衫，吾荷国恩，今是死日，我既被杀，尔当富贵。’”[③] 这里的“阿奴”同“尔”，当指“你们”，因为麦铁杖有三子：孟才、仲才、季才。

唐代人取名，采用“许多不雅之字”，诸如贱、丑、奴、黑、鬼、诡、匪、丐、乞、猪、犬、狗、狼、豸、邪、害、杀、破、手、怂、滥、秃、窟、皮、龉、齿、牺等[④]。此乃民间起名字的习俗。李治小名为“雉奴”。李白的儿子“伯禽”，他的小名叫“明月奴”。李林甫的小名是“哥奴”。李琎小字“花奴”。白幼美，小名“金刚奴”。李昇，小字“锦奴”。他如王佛奴、李僧奴、洛奴、李乌奴、潜三奴、路寄奴、任客奴等亦曾或见。据《旧唐书》卷145《刘全谅传》云，刘客奴被赐名“正臣”。

唐人取名，有一些风俗较奇特，如“字同其名”“父子同名”“以父名为字”，显然不是自西周以来汉人的惯习，因为礼制要求尊亲避讳。笔者怀疑与游牧民族习俗相关，李唐文化多杂糅鲜卑族文化、粟特文化和突厥文化。

---

① 林梅村：《粟特文买婢契与丝绸之路上的女奴贸易》，《文物》1992年第9期。

② 周一良：《魏晋南北朝史札记》（补订本），中华书局2017年版，第462—463页。

③ 魏徵等：《隋书》，中华书局1982年版，第1512页。

④ 闫廷亮：《唐人姓名研究》，博士学位论文，南开大学，2012年，第86页。

今人以为，“宋朝开始，就鲜见以‘奴’煞尾的小名了”[①]。其实，此说不确，例如，宋代歌姬中就有名叫盼奴、念奴、谢蛮奴等的。更为重要的是，据《辽史》，辽国人名字中带有“奴”的颇多，兹列举如次：药师奴、菩萨奴、老君奴、佛宝奴、释身奴、道士奴、僧奴、萧佛奴、文殊奴、谢家奴、罗汉奴、弥勒奴、观音奴、宝信奴、韩家奴、高家奴、佛奴、慈氏奴、十神奴、宝神奴、拾得奴、大悲奴、燕奴、郑家奴、陈家奴、郝家奴、马奴、僧家奴、张家奴、章奴、陈图奴、和尚奴、僧孝奴、乳奴，等等。以“奴”取名，不分贫富贵贱，如皇帝辽圣宗小名“文殊奴”。由于辽人佞佛（史书所载为佛教，然而琐罗亚斯德教东传，多以佛教之名以口头的形式进行弘法，故辽人所信奉之佛教，恐怕不纯粹是来自印度的佛教，而是中亚化了的佛教或打着佛教幌子的其他宗教），故多以佛教中神祇或相关神祇为主，而自己甘为其“奴”。

胡、汉异风，起名亦然。辽人、金人起名与宋人大不相同。洪迈曾指出罗靖父子同名为“不可晓”，后又认为“拓跋魏安同父名屈，同之长子亦名屈，祖孙同名，胡人无足言者，但罗君不应尔也”[②]。据《魏书·安同传》可知，安同的祖先为安世高，“汉时以安息王侍子入洛”[③]。安姓，也是粟特人昭武九姓之一，以国为姓。昭武九姓粟特人聚居于今中亚锡尔河、阿姆河流域。粟特人以“善贾”著称，主要信仰琐罗亚斯德教，南北朝以后大批徙入中国新疆和内地，通过丝绸之路频繁往来于中国与西域之间。

《契丹国志》卷26《渤海国》云：“渤海国……其王旧以大为姓，右姓曰高、张、杨、窦、乌、李，不过数种，部曲、奴婢无姓者，皆

① 赵七斤：《话说小名》，《西安晚报》2016年12月18日第10版。

② 洪迈：《容斋随笔》卷1，中华书局2007年版，第2页。

③ 魏收：《魏书》，中华书局2000年版，第712页。

从其主。”[①] 其实，更多的情况是，奴仆卑贱之人，往往只有名而没有姓。如邹明家贫，女儿阿邹到富户罗柄家里当女使，取名“来安”[②]。来安不是姓来名安，而只是一个名而已。丫鬟、奴仆只有一个名，此类现象在《红楼梦》《金瓶梅》等小说里可以说比比皆是，不胜枚举。

元代文献中仍然可见文殊奴、普颜奴、观音奴、佛家奴、汪家奴、众家奴、百家奴、僧奴、曹僧奴等。

周一良认为以奴为小字者“或者皆从第二人称之爱称引申而来”[③]，此说似乎不确。以某某奴起小名，既不是南朝人“你”之爱称引申而来，也不是北朝人以及游牧民族的取名习俗，而是途经宗教的传播从中亚、西亚而来。

三 粟特文化的影响

琐罗亚斯德教的许多风俗、观念、神祇是从两河流域、地中海世界、印度等地借来的。佛教东传，途经中亚，也为当地人所崇信。粟特人信奉琐罗亚斯德教、佛教、摩尼教、基督教，其名大多为西域宗教中神祇的某某奴。

W. B. Henning 是伊朗语专家，他曾指出，古代敦煌信札中有伊朗神祇的名字，Nanai-Vandak 的意思是“娜娜女神的奴仆”，Artixw-Vandak 意为 Asis-vanuhi 神的奴仆[④]。娜娜女神奴仆的另一种写法是 Nny-βntk[⑤]。敦煌信札中的 Txs’yc-βntk，意思是得悉神之奴

① 刘昫等：《旧唐书》卷 199 下《渤海靺鞨传》，中华书局 1975 年版，第 5360 页。

② 《名公书判清明集》卷 4，中华书局 1987 年版，第 115—116 页。

③ 周一良：《魏晋南北朝史札记》（补订本），中华书局 2017 年版，第 463 页。

④ W. B. Henning, “The Date of the Sogdian Ancient Letters”, *BSOAS*, XII, 1948, pp. 602 – 604.

⑤ W. B. Henning, “A Sogdian God”, p. 253, esp. note 71.

仆[①]。得悉神是粟特人的战神、胜利之神。槃陀克是 Vandak 的一种音译，意即“奴”。

荣新江认为，琐罗亚斯德教开始进入中国的时间应该在 4 世纪初[②]。265 年，司马炎取代曹魏称帝，史称西晋。八王之乱、五胡乱华之后，朝廷于 316 年南渡长江。317 年，司马睿在建康称帝，改元建武，史称东晋。从而可知，拜火教在西晋时期就已经活跃在东土。粟特人信奉的琐罗亚斯德教与波斯西部琐罗亚斯德教不完全一样，它已经在地化了，掺入了粟特人本民族原本就有的宗教神话。粟特人是经商民族，利之所在，便见其人之踪迹。早在张骞凿空西域时，中国的邛竹杖、蜀布等就已经出现在中亚。丝绸之路开通之后，不同民族的宗教、文化随着商贸往来更频繁地在中土和大西域之间交流。琐罗亚斯德教主要是口头传播，因而它通过民间传入中国的时间似乎更早。琐罗亚斯德教在地化为祆教，从而粟特人以某某奴起小字的习俗也传到了中土。

西安出土的北周史君汉文—粟特文墓志铭证明了以某某奴起小字习俗的传播路径。据《西安北周粟特人史君家族人名表》可知，史君祖父腊旭特 · 槃陀克，腊旭特为祆教中的公正神，槃陀克即奴。史君长子毗沙门 · 槃陀克，毗沙门为佛教北方天王。史君次子德米特尔 · 槃陀克，德米特尔为希腊大地女神。史君幼子帕尔沃特 · 槃陀克，帕尔沃特为、毗沙门奴 Fravashi 神[③]。史君是北周时期的萨宝，所谓萨宝就是粟特商人的首领。从而可见，中土自晋代以来的以某某奴起小名渊源有自，主要是粟特人经丝绸之路来到中国后粟特文化影

① W. B. Henning, “A Sogdian God”, p. 253, esp. note 71.

② 荣新江：《中古中国与外来文明》，三联书店 2015 年版，第 247—268 页。

③ 卢湃沙：《从巴比伦主神到于阗毗沙门：一个波斯神谱中的异类?》，毛铭译，《内蒙古大学艺术学院学报》2017 年第 3 期。

响使然。

唐光启元年乙巳十二月廿五日张大庆写本《沙州伊州地志》残卷（斯367）记伊州火祆庙：“火祆庙中有素书形象无数。有祆主翟槃陀者……”这里的翟槃陀与玄奘和尚所遇到的石槃陀中，槃陀与槃陀克，指的都是某某之奴。再如，《周书》卷五十《突厥传》记载，有一位出使突厥的酒泉粟特胡，名叫安诺槃陀，安诺是娜娜女神，槃陀意为“奴仆”，从而“‘安诺槃陀’意为‘娜娜女神之奴仆’”[①]。《地志》记载伊吾县有祆教之庙，由祆主翟槃陁主持。“‘槃陁’为粟特语‘奴仆’之意。”[②] 槃陁、槃陀、槃陀克都是Vandak的记音字。

贞观三年（629），李靖率领六路大军进攻东突厥；次年，颉利可汗被俘虏，李唐王朝灭掉东突厥。显庆二年（657），苏定方率领大唐军队打败西突厥，占领了其领地。龙朔元年（661），大唐在于阗以西，迄原萨珊波斯东北界，设立了二十多个都督府，属于安西大都护府。后来，又设立北庭都护府。天宝十载（751），怛罗斯战役之后，李唐退缩到葱岭以东。近一百年来，李唐在中亚一带设置都护府，实行羁縻制度，保障了丝绸之路商贸往来和文化交流的畅通。

7世纪，伊斯兰教崛起，圣战东征。7世纪中叶，阿拉伯人征服波斯，在伊斯兰教统治者的强力逼迫下，琐罗亚斯德教面临绝境。琐罗亚斯德教教徒被迫改教、东迁或南逃。东迁的一部分就来到了中亚、西域、大唐。

丝绸之路的交通要道上，到处留有粟特人的遗迹。敦煌写本《沙州敦煌古迹廿咏并序》之《安城祆咏》云：“板筑安城日，神祠与此

① 姚崇新、王媛媛、陈怀宇：《敦煌三夷教与中古社会》，甘肃教育出版社2013年版，第69页。

② 同上书，第31页。

兴。一州祈景祚，万类仰休徵。苹藻来无乏，精灵若有凭。更有雩祭处，朝夕酒如绳。”① 粟特人建筑新城，以酒祈雨。敦煌文书里的诗、《安禄山事迹》中的粟特商人都是拜火教在东土流传的化石。而契丹辽之所以盛行以某某奴起小字，应该也是受到了信奉琐罗亚斯德教的粟特商人的影响。

唐武宗从会昌二年（842）到六年毁佛灭法，勒令和尚还俗，外国僧徒归乡。此之谓会昌法难，殃及祆教、景教、摩尼教。从此，摩尼教潜入民间。但是，河北三镇基本独立，并不执行敕令。《入唐求法巡礼行纪》中提到“唯黄河已北，镇、幽、魏、潞等四节度，元来敬重佛法，不毁拆佛寺，不条流僧尼，佛法之事，一切不动之，频有敕使勘罚，云：‘天子自来毁拆焚烧，即可然矣，臣等不能作此事也。’”安禄山、史思明及其部下，大多信奉祆教。安史之乱后，河北三镇继承了安、史之衣钵，举镇上下，依然崇信祆教。

契丹人建立的辽，与西域的商贸、外交和文化交流较为频繁。辽的影响，远至大西域。斯拉夫语中的“契丹”，即中国之称谓。历史上虽然说辽人佞佛，然而，从上引以某某奴为小名的辽人来看，粟特文化对辽的影响极为深远，甚至不排除祆教、摩尼教以佛教的名义活跃在草莽民间。

要言之，“某某奴”，并不是像日本学者田中一成所认为的是某某的奴隶，而是一种起名尤其是起小名的方式，这种起名方式深受西域粟特人的影响。采用以“某某奴”为名的，以游牧民族为多，且与大西域宗教有着密切的关系。

① 《法藏敦煌西域文献》第 30 册，上海古籍出版社 2003 年版，第 209 页。

琐罗亚斯德教视域中的唐代雄鸡文化

斗鸡在中国，至晚春秋时已有之。在唐代，斗鸡尤其盛行。何以如此？一般往往将其视作唐玄宗的喜好，“上有所好，下必甚焉”。其实，这仅仅是表象。斗鸡这一被看作娱乐活动的民俗，其背后的深层文化结构并没有得以考古而昭显。斗鸡在唐代难道仅仅是民俗，抑或是游戏？它与政治、宗教有无关系？如果有，则是何种关系？斗鸡为何偏偏在唐玄宗开元、天宝时期盛行？或云唐玄宗属相为鸡所以酷爱斗鸡。古人往往将属相的动物视同为自己，因而此说内在的文化逻辑岂不恰好相悖？唐玄宗为什么为安禄山设立金鸡帐？斗鸡与金鸡帐有何关联？或云，唐玄宗设立金鸡帐是为了厌弥。果真如此吗？斗鸡习俗为何被契丹人而不是北宋人继承？朝廷大赦时为何建金鸡？建金鸡始自何时？雄鸡作为文化表征具有何等宗教意义？这样的一系列问题尚未被深入思考和解答，故有必要予以揭蔽，庶几重构唐代雄鸡文化在历史中如其所是的内在景观。

一　斗鸡

人们往往将安史之乱爆发的原因归为唐玄宗“耽于声色、溺于宴乐”“穷奢极欲”“荒淫无度”“骄奢淫逸”或“专以声色自娱”[①]，如酷爱斗鸡、宠爱贵妃。其实，这些仅仅是历史的表象，并非安史之乱爆发的根本原因。斗鸡甚至与安史之乱并没有必然的逻辑关系。历史研究，在于求真求实，因而就不能只看表象，作肤廓之论。

斗鸡，并非始自唐玄宗，也没有终结于唐玄宗。斗鸡，由来已久，《列子》中有“纪渻子为周宣王养斗鸡”[②]的传说，虽非史实，也未必就完全虚构。在中国，斗鸡见之于文字记载最早的是春秋末年，《左传》记载了季氏、郈氏两家为斗鸡而成仇的史实。战国时，斗鸡甚至成了区域地方是否富裕的标志之一，如司马迁《史记·苏秦列传》曰：“临淄甚富而实，其民无不吹竽鼓瑟，弹琴击筑，斗鸡走狗。”[③]汉学家高德耀认为，斗鸡最早起源于古印度，后来其中一支传到波斯、希腊和罗马，另一支则传到中国和西南亚地区；公元前6世纪之前，斗鸡就已经传到中国[④]。在寒食、清明时节的斗鸡是古代阴阳思想在祭祀先祖时的体现。古人相信，人死为鬼。鬼者，阴也。鸡者，积阳。为了避免阴气太重或避邪，故在节日期间斗鸡或杀鸡以和阴阳也。《春秋·说题辞》云：“鸡为积阳，南方之象，火阳精，

① 司马光：《资治通鉴》，中华书局1976年版，第6914页。

② 杨伯峻：《列子集释》，中华书局1979年版，第86页。

③ 司马迁：《史记》，中华书局1976年版，第2727页。

④ ［美］高德耀：《斗鸡与中国文化》，张振军等译，中华书局2005年版，第2页。

物炎上，故阳出鸡鸣，以类感也。”[①] 故寒食、清明节斗鸡，是驱邪避鬼之民俗。“中国传统风俗中，斗鸡比赛一般在寒食节和清明节期间进行，这两个节日是中国最重要的祭祀节日，‘家家拜墓’，祭祀祖先。选择这个时候举办如此活动，势必还隐藏着驱邪避鬼和通神、通祖先的宗教意图。”[②]

南朝梁人宗懔《荆楚岁时记》云：“去冬节一百五日，即有疾风甚雨，谓之寒食。禁火三日，造饧大麦粥。寒食，挑菜。斗鸡，镂鸡子，斗鸡子。”[③] 杜淹《咏寒食斗鸡应秦王教》云：“寒食东郊道，扬鞲竞出笼。”从而可知，初唐时期，寒食时节的斗鸡就广泛流行。然而，“以清明为鸡日萌芽于唐代”[④]。另一个事件即寒食节改火也发生在唐代。之前，寒食节的禁火与改火并无相关；唐代，“寒食节来临时将正用的火熄灭，到清明日再取得新火”[⑤]。改火是不是与琐罗亚斯德教（Zoroastrianism）崇拜火有关？如有关，则旁证了斗鸡之盛其实是与中国本土化的琐罗亚斯德教即袄教（又称“拜火教”或“火袄教”）相关的。

琐罗亚斯德教，是古老的波斯宗教，产生于公元前11世纪[⑥]（一说还要早；一说问世于公元前6世纪），奉《阿维斯陀》为经典，以琐罗亚斯德为教主，尊阿胡拉·马兹达为主神，教义主张“善、恶二际论”。“琐罗亚斯德”这个词据说是“黄色的骆驼”之意。他所创立的一神教被称为琐罗亚斯德教。

---

① 李昉等：《太平御览》，中华书局1980年版，第4070页。

② 杨孝鸿、杨赫：《文化视域下的斗鸡风俗及其墓葬图像》，《艺术探索》2018年第5期。

③ 宗懔：《荆楚岁时记》，宋金龙校注，山西人民出版社1987年版，第33—37页。

④ 杨琳：《中国传统节日文化》，宗教文化出版社2000年版，第216页。

⑤ 张勃：《唐代节日研究》，博士学位论文，山东大学，2007年，第117页。

⑥ 彭树智主编，王新中、冀开运著：《中东国家通史·伊朗卷》，商务印书馆2002年版，第56—57页。

陈垣认为，它大约在6世纪传入中国①。其实，这仅仅是官方文献即《魏书》明文记载祆教出现在中土的时期。实际上恐怕还要早，因为“祆教约在公元前4世纪就传入了新疆，其证据是发现了祆教的祭台，经考古测定是属于公元前4世纪的文物”②。而3—8世纪粟特人就往来活跃在丝绸之路上进行商贸，他们彼时主要信奉琐罗亚斯德教，因此中国的民间应该是早就存在着祆教。祆教在唐代为盛，南宋后衰落，至元尚存。

琐罗亚斯德教的教旨为善、恶二元论，具体到动物上亦然，鸡、犬、马、牛、骆驼等都是善禽、圣兽，而蝎子、蜈蚣、蜘蛛、狼等则是邪恶的。该教崇拜太阳，认为火是大地上的太阳，将太阳视作琐罗亚斯德教的象征。雄鸡被看作太阳鸟，因而琐罗亚斯德教崇敬雄鸡。古代中国人以为“日者阳精”，是“众阳之宗”。雄鸡为积阳。宋之前，人们认为日中鸟为三足乌。如《山海经·大荒东经》云“汤谷上有扶木，一日方至，一日方出，皆载于乌”；《淮南子·精神篇》中说“日中有踆乌”；《论衡·说日》认为“日中有三足乌，月中有兔、蟾蜍”等。从宋代始，宋人陆佃《埤雅》、明人杨慎《艺林伐山》、明人周婴《卮林》、清人屈大均《广东新语》等皆有“日中有金鸡”“日中有鸡”“天鸡者日中之鸡也”的记述。

唐高宗时，“诸王斗鸡，互有胜负，（王）勃戏为《檄英王鸡文》。高宗览之，怒曰：‘据此是交构之渐。’即日斥（王）勃，不令入府”③。据此可知斗鸡是诸王喜欢的游戏之一。武则天时，宫中盛行斗鸡。有诗为证，如韦承庆《寒食应制》曰：“凤城春色晚，龙禁

① 陈垣：《火祆教入中国考》，《陈垣学术论文集》第1集，中华书局1982年版，第327页。

② 马品彦：《新疆宗教》，五洲传播出版社2001年版，第8页。

③ 刘昫等：《旧唐书》，中华书局1977年版，第1318页。

早晖通。旧火收槐燧，馀寒入桂宫。莺啼正隐叶，鸡斗始开笼。蔼蔼瑶山满，仙歌始乐风。”到唐玄宗时，由于玄宗酷爱斗鸡，更是引领了此一时尚走向顶峰。在历史上，唐玄宗也落得了一个“斗鸡皇帝”的美名，抑或是恶名。755 年，安史之乱爆发，古代文人对起因作了反思，认为唐玄宗斗鸡误国。今人亦作如是观，将《东城老父传》解读为讥讽之作。罗香林在《唐人斗鸡戏考》中说：“唐人嗜好特多，其荒工废业，而无益身心者，以斗鸡为最甚。”[①] 这是将斗鸡视作游戏之故。

李唐王朝，斗鸡是格外盛大，尤其是在唐玄宗开元、天宝年间。唐人郑处诲《明皇杂录》云：唐玄宗设宴，“府县教坊大陈山车旱船、寻橦走索、丸剑角抵、戏马斗鸡”[②]。《新唐书·让皇帝宪传》记载：“诸王日朝侧门，既归，即具乐纵饮、击球、斗鸡、驰鹰犬为乐。”《东城老父传》中的“神鸡童”贾昌，因为长于训练斗鸡而富贵四十年。安禄山攻陷洛阳，曾特地在长安、洛阳以千金购求贾昌。这又是为何？

从唐玄宗特意为安禄山设立金鸡帐以及安禄山悬赏千金索求训鸡人可知，雄鸡之于安禄山，绝非娱乐戏耍之意义，而是有其宗教信仰在。安史之乱后，斗鸡依然盛行。唐代宗、唐穆宗、唐文宗、唐僖宗等皆嗜好斗鸡。唐人孙光宪《北梦琐言》卷一云：“僖宗皇帝好蹴鞠，斗鸡为乐。”据段成式《酉阳杂俎》续集卷八：“威远军子将臧平者，好斗鸡，（斗鸡）高于常鸡数寸，无敢敌者。威远监军与物十匹，强买之。因寒食乃进，十宅诸王皆好斗鸡。此鸡凡敌十数，犹擅场怙气。穆宗大悦，因赐威远监军帛百匹。主鸡者想

① 罗香林：《唐代文化史研究》，上海文艺出版社 1992 年影印本，第 130 页。

② 王仁裕等：《开元天宝遗事十种》，上海古籍出版社 1985 年版，第 23 页。

其蹠距，奏曰：‘此鸡实有弟，长趾善鸣，前岁卖之河北军将，获钱二百万。’”[①] 从而可知，河北军将竟然舍得花二百万巨资买一只公鸡，表明河北斗鸡之风盛行，河北人对雄鸡有一种特别的情感。何以如此？这种情感应该是宗教情感，即深信雄鸡是好勇擅斗的圣禽。

那么，为何是四川、河北、京都斗鸡特别盛行？是不是因为这些地方粟特人或其后裔特多？安史之乱后，朝廷自我文化区隔，划界夷夏，自我内敛于汉文化，故大都邑的粟特商胡或主动汉化，或奔赴河北，或潜入东南深山。因为河北本来就是胡人大本营，安史之乱后依然被安禄山、史思明部将统治；安史之乱后河北三镇处于独立半独立的状态。从四川、河北斗鸡有上好雄鸡可知，斗鸡之风极其盛行，而这种民风又与祆教信众有着密切的关系。也就是说，中晚唐斗鸡依然风行不衰。甚至是契丹人建立国家之后，斗鸡的习俗依然存在着[②]。一则表明契丹人继承和发展了大唐文化，格尔兹论析巴厘岛的斗鸡时说“从表面上看，战斗的是公鸡，事实上是男人”[③]，这一说法其实完全也可以用之于契丹人。二则或许与游牧民族习俗相关。《隋书》记载，突厥“男子好樗蒲”[④]。这就表明，安史之乱并非唐玄宗酷爱斗鸡的后果。

唐代文人陈鸿祖《东城老父传》反思了大唐衰败的缘由，认为“上（唐玄宗）生于乙酉鸡辰，使人朝服斗鸡，兆乱于太平矣，上心不悟”。生辰与斗鸡之内在的逻辑关系是什么？罗香林解释

① 段成式：《酉阳杂俎》，中华书局 1981 年版，第 275 页。

② 漆琼：《我国古代契丹族斗鸡活动分析》，《兰台世界》2014 年第 9 期。

③ Clifford Geertz, “Deep Play: Notes on the Balinese Cockfight”, *Daedalus*, 101.1, 1972.

④ 魏徵等：《隋书》，中华书局 1973 年版，第 1864 页。

道："酉之禽为鸡，酉年为鸡年，凡鸡年生人，往往自视与鸡有特殊关系。"① 是的，中国人将自己的属相视同为另一个自我，甚至出于迷信还有诸多禁忌避讳。

唐玄宗喜好斗鸡与他的属相是鸡有关？或许有关，可是如何解释玄宗让自我符指即雄鸡相互内斗且为他人笑乐？其间的逻辑是什么？如果是因为他属鸡，那么为避讳计，他也不会特意召集斗鸡、设鸡坊或鸡楼、封官训练雄鸡。例如，元人杨瑀《山居新话》卷三记载："延祐间，都城有禁，不许倒提鸡，犯者有罪。盖因（元）仁皇乙酉景命也。"蒙古人受汉文化影响尚且懂得属相禁忌，唐玄宗难道就不知道了吗？斗鸡风行于举国上下，是何体统？让雄鸡相互斗杀，对唐玄宗而言，岂非凶兆？唐人以五行视之，殊为不祥："玄宗好斗鸡，贵臣、外戚皆尚之。识者以为：鸡，酉属，帝生之岁也。斗者，兵象，近鸡祸也。"②

或者，唐玄宗不迷信其本命吗？其实不然。据《旧唐书》，"玄宗乙酉岁生，以华岳当本命"。"先天二年七月正位，八月癸丑，封华岳神为金天王。"唐玄宗生于乙酉，属相为鸡，"鸡主于酉"，"酉，金也"。据五行思想，金在方位上为西。华山为西岳，玄宗本命正当其说。从李隆基登基不久就封神华岳可知，他其实是很迷信其本命的。

唐玄宗之前、之后，斗鸡一直都存在着。唐玄宗的不寻常之处，在于他专门设立鸡坊、鸡楼，让五百小儿伺候一群雄鸡。贾昌身为其长，因为训鸡、养鸡得法而享受荣华富贵直至安史之乱爆发，长达40年。唐玄宗在斗鸡上为何如此独异？是不是与金鸡帐有关系？从

① 罗香林：《唐代文化史研究》，上海文艺出版社1992年影印本，第127页。

② 欧阳修、宋祁：《新唐书》，中华书局1975年版，第881页。

出土的粟特人或其后裔墓葬来看，墓石浅浮雕所绘事的粟特人与突厥人坐在金鸡帐里，而突厥人也信奉琐罗亚斯德教①，可见金鸡帐是琐罗亚斯德教文化的产物。而安禄山信奉祆教，经荣新江、沈睿文等学人的考论，这已成为学术界的共识。因此，唐玄宗为安禄山设金鸡帐，就有其宗教、民习的原因在。祆教对北魏、北齐、隋、唐之影响，迄今为止学界似乎发覆尚且不足，从而依然尘封着历史叙事中的政治、宗教意蕴。

二　金鸡帐

金鸡帐之图像详参“吉美石棺床背屏 6 上部之‘金鸡帐’”②。

唐人姚汝能《安禄山事迹》云：“玄宗尝御勤政楼，于御座东间设一大金鸡帐，前置放一榻，（安禄山）坐之，卷去其帘，以示荣宠。”③ 唐玄宗为何专门为安禄山设立金鸡帐？为何是金鸡帐而不是凤凰帐？凤凰的原型似乎即鸡，《山海经》云：“有鸟焉，其状如鸡，五采而文，名曰凤凰。”④ 然而，金鸡帐以金鸡名而不是凤凰，则表明雄鸡在此文化语境中别有一番意义在。

在琐罗亚斯德教中，公鸡是善禽，它与犬一同帮助大神与暗魔作斗争。公鸡为斯劳沙（Sraosha）的圣禽，它既是阿胡拉·马兹达的使者，又是夜间恶魔恶灵的惩治者。斯劳沙是波斯神话中宗教虔诚与秩序的精灵，是“现实世界之主和保护者”⑤。“斯劳沙和拉什

① 林干：《突厥的习俗和宗教》，《民族研究》1981 年第 6 期。

② 沈睿文：《安禄山服散考》，上海古籍出版社 2015 年版，第 66 页。

③ 王仁裕、姚汝能：《开元天宝遗事·安禄山事迹》，中华书局 2006 年版，第 78 页。

④ 袁珂校注：《山海经校注》，上海古籍出版社 1980 年版，第 16 页。

⑤ 张小贵：《中古祆教半人半鸟形象考源》，《世界历史》2016 年第 1 期。

努被视为密特拉的同伴；据说，他们在钦瓦特桥上对死者之灵进行审判和裁决。”[①] 这可能是北魏以来朝廷赦免之际建金鸡的真正源头吧，即经过公鸡斯劳沙对罪犯灵魂的审视、判决，现在皇恩浩荡，姑且饶恕他们这一次。

《次柳氏旧闻》《杨太真外传》《新唐书》等都有唐玄宗为安禄山设建金鸡为厌弥之叙述，但是没有说明厌弥的内在逻辑和因果关系。那么，金鸡帐何以有何厌弥的效力？唐刚卯从汉文化阴阳相克的角度作了解释：雄鸡是积阳，而安禄山来自西北的粟特，属于阴，故唐玄宗为安禄山设金鸡帐是以阳克阴，即“用‘金鸡帐’的荒谬方法来‘厌弥’安禄山”[②]。

况且，所谓的“厌弥”或“厌胜”之说，多出自后人小说家言。如赵璘《因话录》云：“（唐玄宗）密谓太子：‘吾非不疑，但此胡无尾，汝姑置之。’”[③] 诸如类似的叙述比比皆是，然而，历史事实是，据《资治通鉴》，“（安）禄山先遣将军何千年、高邈将奚骑二十，声言献射生手，乘驿诣太原。乙丑，北京副留守杨光翙出迎，因劫之以去。太原具言其状。东受降城亦奏（安）禄山反。上犹以为恶（安）禄山者诈为之，未之信也”[④]。当安禄山事实上已经造反了的时候，唐玄宗仍然不相信安禄山会造反，而以为是党派斗争的诬陷。由是知之，所谓厌胜、“吾非不疑”云云，是事后诸葛亮之解释。此类叙事，正是古代中国历史谶纬叙事范式之展现。古人囿于阴阳、五行、谶纬迷信的知识结构，作如此之解释，固有可原。今日历史学家，也

① 魏庆征编：《古代伊朗神话》，北岳文艺出版社、山西人民出版社 1999 年版，第 375 页。

② 唐刚卯：《唐玄宗的斗鸡与开天朝政治》，载荣新江主编《唐研究》第 6 卷，北京大学出版社 2000 年版，第 216—218 页。

③ 赵璘：《因话录》，世界书局 1959 年版，第 68 页。

④ 司马光：《资治通鉴》，中华书局 1976 年版，第 7630 页。

做如此解，殊令人不可思议。

从地下的考古文物可知，匈奴人住在金鸡帐里面。这就表明，一则唐玄宗为安禄山设立金鸡帐根本不是什么厌胜；二则印证了安禄山信仰琐罗亚斯德教。从图像来看，金鸡帐上的禽有的是大公鸡，对称地分立两侧，有的则是小鸟，不像是雄鸡，也不是一只普通的鸟，可能是琐罗亚斯德教的神鸟即战神十大化身之一希穆尔格。王小甫认为，“金鸡应即斗战神和灵光神共有的化身 Vareghna 鸟”①。

Varaghna/Vareghna 鸟既是灵光神的象征，又是斗战神 Verethraghna/Bahram 的化身。或将 Vareghna 翻译为鹰隼，或译为渡鸦，或推论为鹖。那么，什么是鹖？或云“勇雉”；或云“类鹞”，或云“似雀”。王小甫认为是“隼雀”②。从出土图像来看，居帐顶上有的是公鸡，有的是隼雀，这也是情理之中的事情，因为人们对 Vareghna 的理解不完全相同。作为战神的化身，出现在尚武的游牧民族酋长毡帐之上，也完全符合其身份和文化。

由此可知，唐玄宗为安禄山专门设立金鸡帐，并不是为了厌胜，而是遵从游牧民族的习俗和尊重安禄山的宗教信仰。沈睿文认为“唐玄宗是依照安禄山的种族文化习惯安排接见礼仪”③，此说是符合历史实际的。金鸡，不纯粹是汉文化阴阳之阳的表征，而是琐罗亚斯德教或祆教的标志。从而推知，李唐一朝，儒、释、道背后的宗教信仰，实乃存在着、掺杂着琐罗亚斯德教、摩尼教、景教等大西域宗教。而大唐时代的斗鸡，也就不再是简单的民习、荒淫误国的借口、耽于声色的证据了。

---

① 王小甫：《拜火教与突厥兴衰——以古代突厥斗战神研究为中心》，《历史研究》2007 年第 1 期。

② 同上。

③ 沈睿文：《安禄山服散考》，上海古籍出版社 2015 年版，第 70 页。

三　建金鸡

古代中国，在赦日建金鸡，不是从来就有的。杜佑《通典》记载：（北齐）“三公曹，掌诸曹囚帐、断罪、赦日建金鸡等事。”①《隋书·刑法志》记载：“（北齐）赦日，则武库令设金鸡及鼓于阊阖门外之右，勒集囚徒于阙前，挝鼓千声，释枷锁焉。”② 唐人封演《封氏闻见记》云：“（建）金鸡，魏晋以前无闻焉。”③ 朝廷大赦之际建金鸡，“自后魏以来常然”④。北魏、北齐、李唐等历史文献，都有明文记载大赦日建金鸡之事。或云建金鸡始自吕光征伐西域，或云始自后魏。其实，大致都在4世纪，其来源则一，就是大西域琐罗亚斯德教中对斯劳沙圣灵的信仰。

《新唐书·百官志》云：“赦日，树金鸡于仗南，竿长七丈，有鸡高四尺，黄金饰首，衔绛幡，长七尺，承以彩盘，维以绛绳。”为何是“七丈”“七尺”“四尺”？从数理文化来看，显而易见，这是琐罗亚斯德教使然，因为“七”“四”等数字是该教的圣数，如其宗教文献中的“七天创世说”“七层天”“七位一体神”“七曜制”等。鸡“衔绛幡”，其原型或许就是河南安阳北齐石棺床、西安北周安伽墓石棺床、西安北周史君墓石椁、太原隋代虞弘墓石棺等石刻葬具图像中的“衔绶鸟”，它是中亚、西亚艺术风格的表征之一。

雄鸡圣灵信仰的传播路径，当为琐罗亚斯德教的传播路线，即

---

① 杜佑：《通典》，中华书局2003年版，第644页。
② 魏徵等：《隋书》，中华书局1973年版，第706页。
③ 封演：《封氏闻见记》，中华书局2005年版，第29—30页。
④ 李林甫等：《唐六典》，陈仲夫点校，中华书局1992年版，卷16“卫尉宗政寺”。

“波斯→中亚→河西走廊→长安→中原其他地区→南方一些地区。”①何时传入至西域（今新疆一带）不得而知。383 年，前秦大将吕光率兵征伐西域凯旋。然而，在路上听到了淝水之战前秦败亡的消息，吕光于是命令大军攻打凉州，入主凉州，建立了政权。386 年，吕光改称天王（请注意，不是皇帝而是天王，这个称谓有无宗教文化之意蕴?），国号大凉，建都姑臧（今武威），改元龙飞。此时，祆教也随着战争而传播到了河西。439 年，北魏太武帝拓跋焘率军攻克北凉都城姑臧，祆教因而也随着战俘传播到了大魏帝国统辖之地。

大赦之日，建金鸡，且擂鼓千下。为什么要擂鼓呢？据《魏书·刑法志》可知，北魏太武帝确立了“登闻鼓”制度。何谓“登闻鼓”？宫阙左面悬挂大鼓，臣民如果有冤枉就挝鼓，公车上奏天子。这样一来，就破除了前朝诉讼不准越级上告的规定，老百姓可以申冤昭雪。也就是说，登闻鼓是翻案、平反的表征，因此与建金鸡在一起宣告皇恩浩荡。

外来文化如果与当地文化没有内通契合之处，就会成为无根之木、无源之水，不会生根、发芽、开花、结果的。中国古人认为“鸡有五德”，即鸡“头戴冠者，文也；足搏距者，武也；敌在前敢斗者，勇也；见食相呼者，仁也；守夜不失时者，信也”②。这是中国伦理文化在雄鸡身上的赋义，然而伦理五德与斯劳沙并没有契合之处。斯劳沙与中国鸡文化的契合之处在于古代中国人关于鸡的驱邪避凶认知上。

《春秋运斗枢》云：“玉衡星散为鸡。”玉衡星即北斗星。北齐司马膺之认为：“按《海中星占》云，天鸡星动为有赦，盖王者以天鸡

① 彭树智：《唐代长安与祆教文化的交往》，《人文杂志》1999 年第 1 期。

② 韩婴编：《韩诗外传集释》，许维遹校，中华书局 1980 年版，第 60—61 页。

为度。"《祖庭事苑》云："人间本无金鸡之名，以应天上金鸡星，故也。天上金鸡鸣，则人间（鸡）亦鸣。"《山海经》云："祠鬼神皆以雄鸡。"《山海经·北山首经》云："毛用一雄鸡，祈瘗，婴用一珪，糈用五种之精。"① 《山海经·中次六经》云："其祠之，用一雄鸡，禳而勿杀。"② 《山海经·中次八经》云："其祠，毛用一雄鸡，彘瘗。"③《周礼》云："面禳衅，共（供）其鸡牲。"

汉代家家户户门上刻鸡辟邪。他们相信鸡王镇宅，大吉大利。东汉《风俗通义》云："鸡主以御死辟恶也。"④ 东汉墓葬中随葬木鸡和鸡鸣枕。在这一方面，琐罗亚斯德教的雄鸡文化与中土的鸡文化是完全契合的。

房玄龄主持编写的《晋书》云："岁旦，常设苇茭、桃梗、磔鸡于宫及百寺之门，以禳恶气。"⑤ 在巫傩活动中，人们常将鸡看作克制鬼魅的神物。⑥ 这是为何？鸡为积阳，而鬼为阴，阳可以克阴，故鬼畏鸡。古人将雄鸡称为"度关鸡"，认为雄鸡可以召回人的游魂。近代，内蒙古仍然将鸡称作"引魂鸡"。清人屈大均云："广州妇女患病者，使一妪左持雄鸡，右持米及箸，于闾巷间嗥曰：'某归。'则一妪应之曰：'某归矣。'其病旋愈。此亦招魂之礼，是名鸡招。"⑦ 招魂时必须手持雄鸡，这就表明魂灵与雄鸡之间的关系。

琐罗亚斯德教的教徒，当他们去世的时候，眼睛看着太阳。在印度，达瓦斯人"在 Divali 节或光神节之时，用巫术般的动作向太阳抛

① 郭郛：《〈山海经〉注证》，中国社会科学出版社 2004 年版，第 268 页。
② 同上书，第 442—443 页。
③ 同上书，第 500 页。
④ 王利器：《风俗通义校注》，中华书局 1981 年版，第 376 页。
⑤ 许嘉璐：《二十四史全译·晋书卷》，汉语大词典出版社 2004 年版，第 448 页。
⑥ 朱恒夫：《鸡在行傩活动中的作用与文化意义》，《同济大学学报》2005 年第 6 期。
⑦ 屈大均：《广东新语》，中华书局 1985 年版，第 216—217 页。

出一条红带子，并供上一只鸡”[①]。上述赦日建金鸡，金鸡“衔绛幡”，与此处的“红带子”是不是表征同一的巫术意义？琐罗亚斯德教图像中，关于双翼日盘所隐含的意义，巴赫拉姆·沙扎迪（Bahram Shahzadi）在《琐罗亚斯德的圣言》中认为：“圆环中央升起的长胡子老人象征人类的灵魂。……两条从中央圆环伸展出来的飘带象征人类面临的两种选择或路径——善的选择或恶的选择。”[②] 那么，向太阳抛出的红带子与绛幡是不是从善而再生的表征？

朝廷大赦的时候，为什么要建金鸡呢？建金鸡与琐罗亚斯德教密切相关。魏收《魏书》记载，519 年，灵太后在嵩山山顶祭祀胡天神。在她统治期间，曾规定：“废诸淫祀，而胡天神不在其列。”《宣武灵皇后胡氏传》记载，她与魏肃宗宴群臣时吟诗云“化光造物含气贞”。陈垣认为，这句诗是歌颂阿胡拉·马兹达的功德，表明祆教在鲜卑族中广为传播。据《隋书》卷七可知，北齐、北周君主“躬自鼓舞，以事胡天”，“拜胡天制”“从事夷俗”，更是言说了祆教在北朝的流行。而在 516 年，滑国通南梁，将琐罗亚斯德教也传入了江南。

大隋《百官志》记载：“北齐，尚书省有三公曹，赦日建金鸡。”这是建金鸡见之于官方记载的最早的文献。大周革唐命后，武则天“大赦，改元万岁登封。坛南有大槲树，树杪置金鸡，因名树为金鸡树”[③]。唐刚卯认为“金鸡在大赦仪礼中起象征作用”，“将鸡置于高树之上，显然意在希望金鸡及早报晓”[④]。这一理解似乎言不及义。

① 克鲁克：《北印度的宗教与习俗》，印度新德里出版社 1925 年版，第 33 页。

② Hannah M. G. Shapero, *Faravahar, the Winded Symbol of Zoroastrianism*, 1995.

③ 封演：《封氏闻见记校注》，赵贞信校注，中华书局 1958 年版，第 30 页。

④ 唐刚卯：《唐玄宗的斗鸡与开天朝政治》，载荣新江主编《唐研究》第 6 卷，北京大学出版社 2000 年版，第 214—215 页。

“树杪置金鸡”与Senmurv（音译为森木鹿或森穆夫）相关。琐罗亚斯德教中犬神有三种形象：一是普通的犬；二是带翅膀的犬；三是组合体Senmurv，即犬与鸡的组合体或“犬首鸟身，掺杂有麝、狮子、猪等动物的某些特征”[①]。这里的“鸟身”，具体来说就是鸡身，因为在琐罗亚斯德教中鸡是圣禽、善禽，它与犬一起是阿胡拉·马兹达的战斗伙伴。Senmurv住在岛上，栖息在Hom圣树上，催云化雨，减少人类的病苦[②]。古代中国人是务实的民族，故犬上树、带翼犬或鸡犬合体站立树梢皆难以被接受，因而金鸡上树由于符合实际而中土化了。

大赦之日之所以建金鸡，应该是与生死、魂灵相关。意义的理解一定要考虑语境、环境、背景和整体的机制，否则就会成为胡思乱想，缺乏逻辑性。《风俗通义》云：“腊者，所以迎刑送德也。大寒至，常恐阴胜，故以戌日腊。戌者，土气也，用其日杀鸡以谢刑德。雄著门，雌著户，以和阴阳。”[③] 这也是天人合一框架下古人阴阳意识之于刑狱的体现。西晋末年，五胡乱华。汉文化与游牧民族接触更加频繁，彼此影响更加深远，文化接触、杂合、融合成为事实。北魏号称“佛国”，据杨衒之《洛阳伽蓝记》可知，当时的洛阳是国际性大都市，世界各地的僧人到洛阳后为其佛教的弘扬而惊叹。而琐罗亚斯德教、摩尼教等都曾经在佛教的幌子下弘法，尤其是东传的摩尼教，被中亚的佛教所在地化，或者是摩尼教主动采取了援佛入教的传教策略，因为摩尼教素有“变色龙”之称谓。北魏戎马铁蹄，踏上了河西、西域，从而在北魏时期，出现了赦宥之际建金鸡的做法。建金鸡取代了汉晋时期的宫门前杀鸡，这是由于琐罗亚斯德教将雄鸡视

---

① 滕磊：《中国祆教艺术中的犬神形象》，《故宫博物院院刊》2007年第1期。

② R. A. Jairazbhoy, *Oriental Influences in West Art*, London, 1965, p. 205.

③ 王利器：《风俗通义校注》，中华书局1981年版，第374页。

作圣禽的缘故。北齐胡风劲吹，故明文有“建金鸡”之说。汉文化既然认同雄鸡可以招魂、治鬼，而粟特文化又崇尚雄鸡，相信雄鸡对死者的灵魂进行审判，因此二者文化合流，形成了建金鸡以赦宥的法统。

五代之后，北宋从大唐继承的文化传统其实是远不及契丹辽国的。北宋右文，文化极其发达，文人学士用五行、阴阳思想对建金鸡进行了新的阐释。如《宋史·仪卫志》云“其义则鸡为巽神，巽主号令，故宣号令则象之。阳用事则鸡鸣，故布宣阳泽则象之。”契丹人举国上下佞佛、蒙古人信奉喇嘛教，于是虽然开封尚有一二处祆祠，元杂剧中也有火祆庙的叙述，可是拜火教的大潮流毕竟如一江春水已经东流去。从而建金鸡以赦免的传统就中断于宋元之间了。学人认为，金鸡辟邪之风尚存，而“金鸡放赦”于元后不再①。其实，前者可能由于本来就是汉俗，故源远流长以至今；但是后者因为来自西域琐罗亚斯德教，故元代就罕见了。

四 宗教文化之透视

“从政治学方面来看，鸡是谶纬中的祥瑞，谕示天下太平。”② 这一认知从何得来？谐音文化是汉文化中的重镇之一，鸡者吉也，大吉大利。古人云：“国之大事，在祀与戎。”在国家体制中，祭祀最为隆重的是封禅。据《东城老父传》，唐玄宗到东岳泰山封禅，贾昌带着三百笼雄鸡从封泰山。这在所有封禅泰山的帝王中是不是绝无

① 于赓哲、吕博：《中古放赦文化的象征——金鸡考略》，《陕西师范大学学报》2010年第3期。

② 杨孝鸿、杨赫：《文化视域下的斗鸡风俗及其墓葬图像》，《艺术探索》2018年第5期。

仅有？

更具有政治性的是，唐玄宗指示贾昌设计、出演了一出雄鸡的戏：祭祀期间，一只野公鸡突兀登场。《唐会要》记载："有雄野鸡飞入斋宫，驯而不去，久之，飞入仗卫，忽不见。邠王（李）守礼等贺曰：'臣谨案旧典，雌来者伯，雄来者王。又圣诞酉年，鸡主于酉。斯盖王道遐被，天命休祯，臣请宣付史官，以彰灵贶。'"① 李守礼此说来自《列异传》，其中《陈宝祠》的"媪"说："此二童子名鸡宝，得雄者王，得雌者霸。"从而表明，王权神授，皇权天授。然而，雄鸡之所以能够在政治场中崭露头角，也反映了雄鸡在唐玄宗时代的重要性。

安史之乱爆发后，朝廷统率的军队在与安史叛军交锋的时候，唐肃宗将"扶风"改为"凤翔"，将"陈宝"改名为"宝鸡"。王渭清认为，这是由于雄鸡不仅是祥瑞之物，而且"镇恶、除恶"，"表明（唐肃宗）驱除安禄山、史思明邪恶势力的意味"②。改名寓意其心底里的愿望，更透露了唐玄宗、唐肃宗皆信仰祆教。斯 0610 卷标示"宝鸡能辟恶，瑞燕解呈祥"或可补证此意。于是，雄鸡之于李唐，不仅仅是祥瑞的表征，而且是天意的言说和传达。

《阿维斯塔》认为，善、恶二神的争斗，是世界的常态。善即光明，它创造了一切真善美，如火光、秩序、狗、雄鸡、骆驼、鹰等；而恶则是黑暗，它创造了一切假恶丑，如猛兽、恶禽、蛇、蝎、毒虫等。

以前学者认为"祆教"由于主要在胡人圈内部传播，因此对中土影响不大。其实，它最初的确局限于粟特人本民族之内信仰和传播，

---

① 王溥：《唐会要》，中华书局 1985 年版，第 864 页。

② 王渭清：《从"陈宝"之"陈"到"宝鸡"之"鸡"的文化解读》，《华夏文化》2008 年第 3 期。

但是后期随着与汉民族通婚、聚落和部落的解散、安史之乱后的主动汉化，祆教对汉文化尤其是民间文化产生了较大影响。北魏、北齐、北周等政权都曾在鸿胪寺设专职进行火祆祭祀，如萨宝、祆正、祆祝等。在唐代，由丝绸之路而来的西域商人在祆祠祈福，“烹猪羊，琵琶鼓笛，酣歌醉舞”①，十分兴旺。会昌年间，唐武宗灭法，佛教、摩尼教、祆教等都受到了严重的打击。它们潜入民间，对中国社会的底层渗透既广又深。人们从社会底层暴动的宗教组织中隐约可见其身影。

宋代开封，留有祆教的祭祠，证明天水一朝首都仍然有信仰祆教的教徒。陈垣《火祆教入中国考》认为：“元曲中既时演祆神，则祆神至元时，不独未曾消灭，且更形诸歌咏，播之管弦。”②

李唐时期，祆教为何最为兴盛？这是因为伊斯兰教在阿拉伯半岛崛起，大军东征，打败萨珊波斯。波斯本来以琐罗亚斯德教为国教，此时他们面对伊斯兰教军队要么改教皈依伊斯兰教，要么缴纳税款，要么逃离波斯。于是，虔诚的琐罗亚斯德教教徒们或南逃至印度，成为今日的帕西人，或东迁至大唐中国。这就是大唐王朝祆教最为兴盛的根本原因。

承续了琐罗亚斯德教的摩尼教，其实很早就通过民间传入东土。据官方文献记载，武则天延载元年（694）波斯人拂多诞（Mihr-Ohrmazd）将摩尼教传入中国。安史之乱后，它借助于回纥（788 年改为回鹘）之力，获得了在中土长安、洛阳、太原、荆州、洪州、越州等地建立大云光明寺弘法的大发展。

粟特人墓门上的祭司，是鹰祭司，还是鸡祭司？两说皆有其道

① 刘餗、张鷟：《隋唐嘉话·朝野佥载》，中华书局 1979 年版，第 64—65 页。

② 陈垣：《火祆教入中国考》，《陈垣学术论文集》第 1 集，中华书局 1982 年版，第 327—328 页。

理，因为波斯神话中都有它们的身影，“雄鸡和鹰都是祆教崇拜的对象”[①]。从其尾巴来看，是公鸡尾巴，从而可推知是琐罗亚斯德教第七种圣灵斯劳沙。为什么死者墓室的门上都刻有作为斯劳沙圣灵的斯劳沙—瓦瑞兹的公鸡呢？因为琐罗亚斯德教认为，“斯劳沙接引死者之灵至彼世”[②]，这里的斯劳沙就如同佛教中的引路菩萨。

琐罗亚斯德教《辟邪经》记载，斯劳沙是祭奠仪式的主导者[③]。世界万物，能够与斯劳沙合作对抗恶魔的，是鸡与狗[④]。鸡在中国有多个别称，如祝祝、翰音、金禽、烛夜、司晨、羹本、钻篱菜、巽羽、德禽、晨鸡、凫翁、时夜、司夜、长鸣都尉、酉日将军等，其中还有一个“会稽公”。人们一提到会稽，便想到浙江；其实，粟特人生活、聚居的“河西瓜州地域内也有一个会稽。会稽、晋昌即唐代的瓜州常乐。称会稽人者，即等于说常乐人”[⑤]。安禄山就是常乐人。而“公”也是祆教、明教首领喜欢用的称谓，如方腊自称“圣公”。从而鸡的“会稽公”之称谓就带有隐含的粟特文化底蕴。

《周书·异域传下》云：“（波斯国）大官有摸胡坛，掌国内狱讼。”“其刑法：重罪悬诸竿上，射而杀之；次则系狱，新王立乃释之；轻罪则劓、刖若髡，或翦半须，及系排于颈上，以为耻辱；犯强盗者，禁之终身；奸贵人妻者，男子流，妇人割其耳、鼻。”[⑥] 摸胡坛是不是穆护的另一种译法？如果是，那么它就表明掌管古波斯律法的是宗教神职人员。人面鸡身的祭司，一般说来就是穆护，即摸胡

① 杨巨平：《虞弘墓祆教文化内涵试探》，《世界宗教研究》2006 年第 3 期。

② 魏庆征编：《古代伊朗神话》，北岳文艺出版社、山西人民出版社 1999 年版，第 375 页。

③ The Sros-Yast，Yasna LV II，5，7，9，11，trans. L. h. Mills，SBE31，pp. 298 – 300.

④ Bundahisn，XIX. 33，trans. E. W. West，SBE 5，p. 73.

⑤ 荣新江：《中古中国与粟特文明》，三联书店 2015 年版，第 97 页。

⑥ 令孤德棻等：《周书》，中华书局 2011 年版，第 919—920 页。

坛。他们既然是法律的制定者和解释者，那么对罪犯的赦宥也就有其顺理成章的合理性了。

北魏孝文帝南迁洛阳，从唐代的《吐鲁番出土文书》可知，其中的随葬衣物疏都写有“鸡鸣枕一具”“鸡鸣枕一只”，署名为“佛弟子”。初唐至中唐，新疆吐鲁番的墓葬中，发现“多随葬木鸡”。敦煌莫高窟第290窟北周窟顶前部佛传故事门中，灵车前有一人头顶托盘，盘内是鸡，在前导行。332窟中唐出殡图、61窟五代出殡图，棺材上有一只雄鸡。殡葬中的雄鸡，是不是就是斯劳沙的化身，导引着死者去彼岸世界？

《七曜攘（禳）灾决》卷上云：“金宫占灾攘之……攘之法当画一神形，形如天女，手持印，骑白鸡。”为何是白鸡？波斯人尚白，印度人也尚白，因为他们都是中亚雅利安人的后裔。琐罗亚斯德教尚白，摩尼教也尚白。他们崇尚光明。《梵天火罗九曜》云：“太白星，西方金精也。……形如女人，头戴酉冠。”酉为鸡。“西方彝神，指雄鸡。”《药师如来本愿经》《药师琉璃光如来本愿功德经》皆认为真达罗为酉神，其图像头戴鸡冠。西域人认为，鸡是西方神。而中国古人意识中的死亡就是“上西天”，鸡为积阳，可以克阴、辟邪、镇恶，从而二者合流，鸡为魂灵的引路者、评判者和保护者。各种宗教彼此影响，相互吸收。宗教的民间形态尤其如此。

五　结语

由以上可知，斗鸡在唐玄宗开元、天宝年间格外盛行，并非仅仅由于唐玄宗个人的癖好，也不是因为唐玄宗属鸡，而是与琐罗亚斯德教有关。斗鸡在唐玄宗时代风行一时，它绝非唐玄宗耽于声色游戏的证据。唐玄宗为安禄山设金鸡帐是尊重后者的生活习俗使然。金鸡帐是信奉琐罗亚斯德教的游牧民族如突厥族的习俗，而该宗教至晚在北魏时传入中土，随之同时传入的还有朝廷大赦时的建金鸡。建金鸡完全是琐罗亚斯德教中雄鸡为灵魂的审判者意识在中土的在地化。斗鸡、金鸡帐、建金鸡等都与西域的雄鸡文化有关，因为琐罗亚斯德教认为雄鸡是善禽、圣禽、阿胡拉的战斗伙伴、对灵魂的审判者、现实世界的主宰者。

民族文学与文化

再生：伏羲、女娲对偶图像的符号意义

迄今为止，前贤时俊对伏羲、女娲对偶图像的研究，可谓蔚为大观。本文兹不赘述。鉴于其间的符号解读，不尽然通洽，存在着似是而非的问题，或不符合实际情况，或牵强附会，或想当然地望文生义，或作表象的肤廓认知，如认为“玉兔、蟾蜍、九尾狐等画像正是汉代民众传统生殖信仰文化心理在汉画中的艺术再现”①、伏羲女娲是“人首蛇身神”或“阴阳主神”等，故不揣浅陋，试对其作一符号学意义的文化阐释。

一 图像所在空间、时间的意义

伏羲、女娲对偶图像究竟表征了什么？这个问题应该联系诸如此类的图像所出现的空间进行整体性的考察。何以言之？因为空间之于图像，也参与图像意义的生成。伏羲、女娲对偶图像一般都是在“坟墓里”发现的，要么是墓室石壁上，要么是墓室顶部壁画里，要么是

① 刘建：《汉画中的生育文化心理探因》，《河南社会科学》2008 年第 4 期。

墓门石柱上，要么是石棺上……从而表明它与生死意识密切相关。例如，卜千秋墓室顶部壁画里面，描绘了灵魂升天的场景，其中就有西王母、蟾蜍、兔子等图像。新莽时期，偃师辛村汉墓壁画里面，图中间是西王母，旁边是玉兔捣药、蟾蜍和九尾狐。汉代山东、河南、陕西、四川等地墓葬里的画像石、壁画、帛画、铜镜、漆画、画像砖、墓门柱等皆有大同小异的这一类西王母画像，其空间的共同点则是皆为墓地。西汉时期河南洛阳烧沟卜千秋墓，是一座夫妻合葬墓，其主题是“引魂升天”，这就更证明了伏羲、女娲对偶图像并非表征生殖崇拜，而是阴阳相生，即死者再生的主题。

今人一般将《山海经》视作中国神话的渊薮，而伏羲在《山海经》中却没有出现，最早见之于《易经》。“伏羲与女娲的名字，都是战国时才开始出现于记载中的。”① 《山海经》云：“有神十人，名曰女娲之肠。”女娲炼石补天的故事最早见于西汉《淮南子》。女娲抟土造人，最早出现于东汉末年应劭的《风俗通义》。实际上，无论是当时的人，还是现在的人，谁相信这些说法呢？没有人信以为真。也就是说，这些故事根本就不存在着“相信真实”，从严格的意义上来说，它们不是神话。伏羲、女娲“二人名字并见的例，则始于《淮南子》”②。伏羲、女娲兄妹婚，文字记载最早见于唐代李冗的《独异志》。“文献中关于伏羲、女娲蛇身的明文记载，至早不能超过东汉。”③ 而伏羲、女娲对偶图像尤其是其中的人首蛇身交尾图，据闻一多的考证，多见之于“西汉末到东汉末”④。为什么是东汉时期

---

① 闻一多：《伏羲考》，《闻一多全集》第3卷，湖北人民出版社1994年版，第58页。

② 同上书，第70页。

③ 同上书，第68页。

④ 同上书，第70—71页。

呢？西汉汉武帝派遣张骞出使西域，凿空西域，开辟了丝绸之路，从此中原与西域、中亚、南亚等地的文化之间加强了交流。伏羲、女娲对偶图像的典型特征就是，他们的下半身是蛇身，或交尾，或分立。而印度蛇族的蛇王那伽与蛇后那伽尼的雕像、塑像其下半身皆为蛇身的形象，这二者之间的类似难道没有影响关系？

据专家考证："从时间上看，自西汉昭宣帝年间的洛阳卜千秋墓中的壁画至东汉末建安年间的铜镜，均可见到西王母形象。从图像形式上看，周围辅以诸如捣药兔、三足乌、九尾狐、蟾蜍、羽人等众多从属神祇，从而构成一个独具特色的西王母神话图像系统。从地位上看，西王母在民间信仰的诸神中享有特别崇高的地位，位居伏羲、女娲、黄帝、神农、尧、舜等传说人物之上。"① 诚然，伏羲、女娲对偶图像的中心为西王母，这是因为西王母为西天主神；西方是日落之处，象征着死亡②，因此西王母是死神、司命之神。从伏羲、女娲或分立或交尾于西王母左右可知，伏羲、女娲在死者魂灵升天图系统中所表征的仅仅是阳、阴而已，并非华夏族的始祖或所谓的"人类始祖"。从时间上来看，死者魂灵升天图像受到了西域文化的影响，它始自张骞出使西域之后，亦是秦皇汉武追求长生不死传统的余绪。从西王母身边的"从属神祇"来看，今人的阐释过于想当然或望文生义，而忽略了汉人知识世界认知范式中的阴阳结构。

二　作为认知范式的阴阳结构

《道德经》云："道生一，一生二，二生三，三生万物。"这是古

① 牛天伟：《汉化神灵图像考释》，河南大学出版社 2009 年版，第 52 页。

② 叶舒宪：《中国神话哲学》，中国社会科学出版社 1992 年版，第 46 页。

代中国人对生物生殖现象的抽象归纳和概括。道生一；一者，道之本；一者，道也。“一阴一阳谓之道”，道分阴阳，是为二。“阴阳合德”，如“男女构精”（古代中国人长于类比关联思维），阴阳结合化生新一，便是三。以此类推，万物生也，即“三生万物”。阴阳结构是古代中国人认知世界的一种知识范式，在伏羲、女娲对偶图像中也得以充分体现。

伏羲、女娲对偶图像，主要有两种：一则交尾；二则分立。伏羲、女娲的交尾图，下身是蛇身，观者一般将蛇视作生殖的隐喻义。孤立地看，这不无道理。然而，他们的下身其实也可以看做气，且分别是阴、阳二气，它们皆为死者的魂灵之气。阴、阳二气结合，成为一体，象征着在来世新生的路上。这里的阴、阳二气，表明死者的魂灵通往再生之路。中间的西王母所在之处，其实是死者报到的地方，从而西王母是死神。西王母有不死之药，她又是长生不死之神。《淮南子》云：“羿请不死之药于西王母，姮娥窃以奔月。”高诱注：“姮娥，羿妻，羿请不死之药于西王母，未及服之，姮娥盗食之，得仙，奔入月中为月精。”① 最初，人死之后，魂灵升天，用老百姓的话来说就是“去西天”，具体地说，就是去西天西王母那儿。西王母是不是古代中国人的最初的死神？（印度的死神在西南方，印度人死后其魂灵往南方去。魂灵归去的方位莫非是族源迁出的历史记忆？）东汉时，人们认为人死之后魂灵回到泰山，而泰山则是阴府府君。佛教传入中土后，人死之后，其魂灵到地府，地府原来有十王，后来只有阎罗王一个印度祇了。伏羲、女娲对偶图像，便是死者的魂灵在阴阳思想结构上的显现。

① 何宁：《淮南子集释》，中华书局 1998 年版，第 501 页。

三　阴阳思想的符号表征

伏羲所表征的是阳，女娲所表征的是阴，女娲、伏羲是“阴、阳之人格化形象”①。除此之外，规与矩、日与月，都是阳、阴的象征符号。或许有人要问，伏羲、女娲为什么手里拿着圆规和方矩？林巳奈夫认为“他们所持的东西是象征两者性格之物”②，这一理解不很确切。《淮南子·天文篇》云：“天道曰圆，地道曰方。”张衡《灵宪》曰：“天体于阳，故圆以动。地体于阴，故平以静。动以行施，静以合化。堙郁构精，时育庶类。”根据一致律规则，规是画圆的，“天圆地方”之天圆，从而规与天一样属于阳，伏羲执规。而矩是画方的，“天圆地方”之地方，故矩与地一样属于阴，女娲执矩。圆，天之道；方，地之道：阴阳动静以生育。以同样的道理，伏羲高举的是太阳，日为阳；而女娲捧着的是月亮，月为阴。

在汉画像石上，往往绘有三足乌、捣药兔、蟾蜍、九尾狐、仙人羽人等图像。三足乌，即三只足的乌鸦。乌鸦，全身黑色，古人认为是阳精。为何是三足？因为其中一足为其阳物也。俗语中的“有一腿”，与第三者插足有关，隐喻男女私情，不正当的关系，尤其是有性关系。文人笔记中的“濯足”，并非仅仅是洗脚，一般还有之后的敦伦也。三足乌，古人是从阴阳角度进行阐释的，认为“阳成于三，故日中有三足乌。”③ 太阳中的黑子，即古人所谓的阳精。张衡《灵宪》云：“日者，阳精之宗，积而成乌，象乌而有三趾。阳之类，其

① 孟庆利：《汉墓砖画“伏羲、女娲像”考》，《考古》2000 年第 4 期。

② ［日］林巳奈夫：《对洛阳卜千秋墓壁画的注释》，蔡凤书译，《华夏考古》1999 年第 4 期。

③ ［日］安居香山、中村璋八：《纬书集成》，河北人民出版社 1994 年版，第 600 页。

数奇。”[①] 也正是从这个意义上，人们见到古人的图画中，太阳里面往往有一只三趾的乌鸦。《淮南子》云：“日中有踆乌，而月中有蟾蜍。”高诱注：“踆犹蹲也，谓三足乌。”[②] 成语“乌飞兔走”，乌者乌鸦也，兔者月兔也，形容光阴过得很快。

对于汉画像石上的兔子，人们的生活印象是其生殖力强，故又将其解读为生殖崇拜。古代的老百姓不懂得科学知识，以为人世间的兔子都是雌性的，而月宫里的兔子是雄性的，故有“望月而孕”的说法。刘向《五经通义》说：“月中有蟾蜍与玉兔何？月，阴也；蟾蜍，阳也，而与兔并，明阴系于阳也。”张衡《灵宪》云：“月者，阴精之宗，积而成兽，象兔、蛤焉。”[③] 在伏羲、女娲对偶图像中，凡兔子像，一般都是直立着捣药。或云：长杵是不是阳物的表征？捣药是不是交媾的隐喻？也就是说，玉兔捣药意为阴阳和合、男女性交？其实不然。月宫里的玉兔与长生不死之药有关。玉兔捣药，捣药制成蛤蟆丸、不死之丹，是神丹，即阴长生《自叙》中的“不死之要，道在神丹”。要言之，玉兔捣药与生殖崇拜无关，旨在生死。确切地说，是求得长生不死。月亮中的兔子为何是玉兔？玉者，白色也。为什么白兔是吉祥的呢？因为古人以为“虎及鹿、兔，皆寿千岁，寿满五百岁者，其毛色白。”[④] 又，五行思想也是古代中国人阐释世界的框架之一。依据五行思想，西方为金，“金气胜，故其色尚白。”许慎《说文解字》对“白”的解释是：“白，西方色也。阴用万物色白，从八合二，二阴数。”《楚辞·天问》曰：“夜光何德，死则又育？厥利维何，而顾菟在腹？”这里的“夜光何德，死则又育？”

① 范晔：《后汉书》，中华书局 1965 年版，第 3216 页。

② 何宁：《淮南子集释》，中华书局 1998 年版，第 508 页。

③ 范晔：《后汉书》，中华书局 1965 年版，第 3216 页。

④ 王明：《抱朴子内篇校释》，中华书局 1985 年版，第 47 页。

说的就是“月有生死”，然而月亮可以死而复生（缺而复圆）。这里的“顾菟”一般理解为兔子，王逸将“顾菟”注解为“顾望之兔”，即生性多疑、左顾右盼的兔子，或云从天上往下看人世间的兔子。月亮里有兔子，季羡林说：“这种说法并不是国产，它来自印度。”[①] 这是很有道理的。“月中有神灵的说法在战国时已出现在楚地。”[②] 但是，据印度的《梨俱吠陀》，公元前一千多年，印度人就相信月亮里有兔子。然而，也有不同的诠释，如闻一多在其《天问释天》中引举十余例以证“顾菟”是“蟾蜍”的音转。缪勒认为神话源自语言疾病，此说解决了许多问题。然而，当今中国学术界通过音转解读神话故事则走向了极端。

一提到“蟾蜍”，人们往往望文生义，将其视作生殖力强的代表性符号，如认为“汉画中的蟾蜍有祈求生殖旺盛的寓意”[③]。张衡《灵宪》云：“嫦娥，羿妻也。窃西王母不死药服之，奔月。……姮娥遂托身于月，是为蟾蜍。”[④] 民间故事说，嫦娥奔月，化作蟾蜍，成为月精。学人一般将蟾蜍之所以出现在伏羲、女娲图像里解释为生殖崇拜。在神话学里，蟾蜍、青蛙由于具有极强的生殖力，因而被看作生殖女神而受到崇敬。其实，在古代中国人的意识里，恐怕正是因为看重蟾蜍的长生不死这一迷信知识而对它产生了敬畏之心。《道书》曰：“蟾蜍万岁，背生芝草，出为世之祥瑞。”葛洪《抱朴子》云：“仙药一曰蟾蜍，即肉芝也。”又云：“蟾蜍寿三千岁。”《玄中记》云：“蟾蜍头生角，得而食之，寿千岁，又能食山精。”也就是说，伏羲、女娲对偶图像，紧扣一个主题思想，那就是“生死”，进

① 季羡林：《中印文化关系史论文集》，三联书店1982年版，第121页。

② 彭卫、杨振红：《中国风俗通史·秦汉卷》，上海文艺出版社2002年版，第555页。

③ 李真玉：《试析汉画中的蟾蜍》，《中原文物》1995年第3期。

④ 范晔：《后汉书》，中华书局1965年版，第3216页。

而具体而言，就是长生不死或者转世再生。蟾蜍冬眠，在古人看来，是死而复生或不死长生的仙虫。蟾蜍为何与玉兔共同生活在月宫里？后世故事里为何多言玉兔而少提蟾蜍了？闻一多《天问释天》认为是音讹使然："以语音讹变之理推之，盖蟾蜍之蜍与兔音近易混，蟾蜍变为蟾兔，于是一名析为二物，而所设蟾蜍与兔之说生焉。"① 其实不然，月宫里出现蟾蜍、玉兔是因为月相变化的缘故。《太平御览》卷四引《诗推度灾》说："月三日成魄，八日成光，蟾蜍体就，穴鼻始萌。"这里的"穴鼻"即兔子。由于玉兔与蟾蜍都是"阳"的表征，故二者似乎可以互换？伏羲、女娲对偶图像里，一般是兔子在捣药。然而，也有蟾蜍捣药的，例如现存于重庆市博物馆、成于汉代的《西王母画像砖》刻有一只人立的蟾蜍，在西王母座前持杵作捣药状。常任侠《沙坪坝出土之石棺画像研究》也说："后刻两人一蟾，蟾两足人立，手方持杵而下捣。"② 山东嘉祥宋山小石祠堂西壁画像中的兔子和蟾蜍则一起捣药。有的图像中，蟾蜍捣药，兔子滤药；有的则是兔子捣药，蟾蜍滤药；有的则是只有蟾蜍在捣药；有的则是玉兔捣药，蟾蜍制作药丸；有的则是蟾蜍高举药臼，玉兔捣药；有时候玉兔与九尾狐一起捣药……从而可推知，西王母身边的动物，皆与不死（之药）相关。

兔子或/和蟾蜍所捣的是何药？不死之药。药的材料是什么？一般认为是仙草，是不死之草。民间故事白蛇传里面，当许仙吓死之后，白蛇到山上去采摘了仙草，将许仙救活。在印度《罗摩衍那》中，罗摩的大军死伤惨重，哈奴曼在山上觅药不得而直接将大山搬

---

① 闻一多：《天问释天》，《闻一多全集》第 5 卷，湖北人民出版社 1994 年版，第 513 页。

② 常任侠：《沙坪坝出土之石棺画像研究》，《民俗艺术考古论集》，山西人民出版社 2014 年版，第 1 页。

来，让他们采摘山上的仙草将死去的将士救活了。然而，我们从伏羲、女娲对偶图像中发现，玉兔捣的药料不是仙草，而是不死之树或者若木上的叶子。《山海经·海内西经》云："开明北有不死之树。"《山海经·大荒北经》云："大荒之中，有衡石山、九阴山、洞野之山，上有赤树，青叶，赤华，名曰若木。"乐府诗云："采取神药山之端，白兔捣成蛤蟆丸。"又云："采取神药若木端，白兔长跪捣药蛤蟆丸，奉上陛下一玉柈，服此药可得神仙。"从而不死之树、不死之药自然也是墓地图像再生主题中的应有之义。

九尾狐，学人一般也将其解读为生殖力强的表征。古人一般将其视作祥瑞的象征，如《白虎通》云："德至鸟兽，则凤凰翔、鸾鸟舞、麒麟臻、白虎到、狐九尾。"① 郭璞注《山海经》云："（九尾狐）太平则出而为瑞。"其实，在伏羲、女娲对偶图像里它主要是长生久视之道的符号。汉代赵晔《吴越春秋》说："禹三十未娶，行到涂山，恐时之暮，失其度制。乃辞云：'吾娶也，必有应矣。'乃有九尾白狐造于禹。禹曰：'白者，吾之服也。其九尾者，王之证也。涂山之歌曰：绥绥白狐，九尾庬庬。我家嘉夷，来宾为王。成家成室，我造彼昌。天人之际，于兹则行。'明矣哉！禹因娶涂山女，谓之女娇。"② 图像中所见的九尾狐，画有九个尾巴（或并列或直列），其实是古代画匠的误解。他们以为九尾狐就是长着九个尾巴的狐狸。其实不然。九尾狐之尾，是生殖器之义。如今乡村依然有所谓"二尾子"（尾读作 yǐ），所指两性人，其中的"尾"即生殖器。九尾狐也是如此。现实中并不存在九尾狐，狐狸本来为好淫之物，九者多也，九又是至阳之数，古人以"九尾狐"表明好淫、多生。九尾狐乃想

---

① 陈立：《白虎通疏证》，中华书局 1994 年版，第 283—284 页。

② 赵晔：《吴越春秋校注》，张觉校注，岳麓书社 2006 年版，第 161—162 页。

象、隐喻所成之物。伏羲、女娲图像中的九尾狐，实则所指极强的生殖力吗？西方谚语云："猫有九命。"此处的九尾狐是不是也表征的是顽强不死的生命力？因为它生活在不死的西王母那儿。不死再生是墓室图像的核心主题，九尾狐在这样的图像体系里面，难道会是一个例外？从而可知，这里的九尾狐表征的并非生殖崇拜，而是长生不死的生命力。

西王母坐在龙虎座上。为什么是龙虎座呢？因为青龙和白虎，表征着阳、阴。这也是阴阳思想结构的展现。青龙，东方之星宿，又名为苍精（山东嘉祥画像石上曾在伏羲像旁边刻有"仓精"，从而有学人认为伏羲即太阳神东王公，然而它与伏羲、女娲对偶图像内在结构不吻合：如这里的伏羲为日神东王公，那么其对偶神是谁？西王母还是女娲？女娲是月神，如此一来，将置西王母于何地？在伏羲、女娲对偶图像里，日神、月神仅仅是阳、阴的表征而已），属于阳。白虎，西方之星宿，属于阴。古代男女结婚，对联贴有青龙、白虎，寓意阴阳结合，早生儿女。伏羲、女娲对偶图像里的龙虎座、天师道的龙虎山、民间结婚时门边贴的青龙白虎对联，其中的龙虎皆寓有阴阳相生之意。

图像中的羽人，长着翅膀的人，即仙人。古人希冀成仙，盼望飞天。何以飞天？类比天上的鸟儿，故以羽人表征修道而成的仙人。祈福成仙、升天成仙，是方士、道士们的终极理想。或云，伏羲、女娲对偶图像是死者成仙图，此说不确，因为并不是每一个死者都能成仙，此其一；第二，墓室里的图像不过是死者生前的再生愿望，汉代人贵生、乐生之思想是非常现实的；第三，西王母允人成仙？在汉代人的意识里，西王母是死神，负责人的生死，并不管能否成仙。伏羲、女娲对偶图像中的羽人，便是仙人，在西王母身旁翱翔，西王母长生不死，仙人们也长生不死。人世间的死者，其魂灵被伏羲、女娲引导到了西天，阴阳相生，再生人世间。这是死者墓室里面“引魂升天”图像的葬仪主旨之所在。

图像里的东王公，较之西王母为晚出，且是东汉人阴阳意识和对称审美的产物。西汉时期，西王母为死所之主，是死神，又是长生不死之吉神。到了东汉晚期，西王母成了东王公之配偶。有学人从方位文化方面解释西王母和东王公，其实，这是有问题的。因为西王母、东王公所表征的仅仅是阴阳相生或相克之意识，并非方位所指。例如，在重庆巫山出土的汉代金棺饰上，西王母和东王公分别出现在下方与上方之方位。今人对此颇为困惑：为什么西王母在朱雀、东王公在玄武的方位呢？即使是以阴阳思想来看，西王母为阴，应该在上方；而东王公为阳，应该在下方。殊不知在古代，地图上的方位与今天的迥异，它是“上南下北，左东右西”①。如果以今天的地图方位来解，就会疑惑不解了。

四　图像中第三者的真实身份

伏羲、女娲对偶图像里，西王母坐在伏羲、女娲之间，这位第三者一般不会被错认。有一种看法是，西王母本来称西母，最初身份当为“羲母”②。这或许是根据谐音所做的推测。在殷人卜辞中，就已经出现了“西母”“东母”③。丁山在《中国古代宗教与神话》中认为，东母为日神，西母为月神。然而，在伏羲、女娲对偶图像里则不然。如上

① 王倩：《左东右西：论汉画像石中的西王母方位模式》，《文化遗产》2014 年第 2 期。

② 陈金文：《东汉画像石中西王母与伏羲—女娲共同构图的解读》，《青海社会科学》2011 年第 1 期。

③ 陈梦家：《殷墟卜辞综述》，考古学专刊甲种第二号，中华书局 1988 年版，第 57 页。

所述，西王母之所以坐在伏羲、女娲之间，是因为西王母是西方最高神，而西方是人死亡之后所去的地方，西王母是死神。

《山海经》中西王母的形象，即“戴胜、虎齿、有豹尾、穴处”。“司天之厉及五残”，或云西王母是瘟神和杀神，此说不确，本质上她是死神。古人认为，“精神离形，各归其真，故谓之鬼。鬼，归也，归其真宅。”真宅就是西王母所在的西天。“鬼者，精魂所归。”伏羲、女娲对偶图像中伏羲、女娲下身之形象，人们一般将其解释为蛇身，赋义为生殖崇拜；其实是错误的，他们实为死者的“精魂”，其下身显现的是不死的精魂之气。五帝中颛顼的儿子们夭折，初民以为他们成了厉鬼。西王母为“司天之厉及五残”，于是顺理成章地表明了西王母为死神。民间用“上西天”或西方人“go to west or go west”等来称谓死亡，不谓无由，有着族群文化的底蕴。

《枕中书》云：“西汉九光夫人，始阴之气，治西方。故曰木公金母，天地之尊神，元气炼精，生育万物，调和阴阳，光明日月，莫不由之。”从中亦可推知，西王母作为西方神的功能之一乃“调和阴阳”“生育万物”。道教曾将阴阳气化，以阐释真气、妙气化生之理。《墉城集仙录》云：“在昔道气凝寂，湛体无为，将欲启迪玄功，生化万物，先以东华至真之气，化而生木公焉。木公生于碧海之上，苍灵之墟，以主阳和之气。理于东方，亦号曰王公焉。又以西华至妙之气，化而生金母焉。金母生于神洲伊川，厥姓缑氏，生而飞翔，以主阴灵之气。理于西方，亦号王母。皆挺质太无毓神玄奥，于西方渺/眇莽之中，分大道纯精之气，结气成形。与东王木公共理二气，而育养天地，陶钧万物矣。”① 女娲、伏羲在汉代人的意识中，是死者魂气的物化和显形，所表征的是魂灵的阴、阳二性，负载着死者再生的

① 《云笈七签》，《正统道藏》第38册，新文丰1988年版，第463页。

希望。“气聚则生，气散则死。”生气散为阴、阳二气为死，阴、阳二气在西王母那儿合聚则生。女娲、伏羲便是死者阴、阳魂气的物性表现。

西王母所表征的是长生不死。《临卦之临》云：“弱水之西，有西王母。生不知老，与天相保。”① 其实，这似乎是上古时期原始人的共识。北美土族的农民，将月亮称为永远不死的“老母”②。西王母不是月神，而是像印度的法王那样的永生不死的死神。

伏羲、女娲对偶图像中，有时可见一位陌生的第三者，与西王母的形象迥异，或小孩，或男子，以前的学人将成年男子解读为燧人氏、神农氏或黄帝。其依据是什么呢？大概是源自三皇之说。《风俗通义》引《春秋运斗枢》说：“伏羲、女娲、神农，是三皇也。”他们认为图像中既然已经有了伏羲、女娲，那么这个第三者与“三皇”相联系，便是燧人氏、神农氏或者是黄帝了。然而，无论是燧人氏、神农氏还是黄帝，与整幅图像所表达的意义龃龉不合。“不死再生”是死者及其家属的终极追求，与三皇五帝没有内在的逻辑关系。

河南唐河一画像石上面绘着一幅画，一般将其描述为“站立的东王公双手搂着伏羲、女娲”。这里的“东王公”似乎是一个错误的认知。东王公，又名东皇公，较西王母为晚出，在《山海经》《史记》《淮南子》《天问》《穆天子传》《竹书纪年》等书中皆未曾见之，最早见之于《神异经》：“东荒山中有大石室，东王公居焉。长一丈，头发皓白，人形鸟面而虎尾，载一黑熊，左右顾望。”③ 东王公所代表的是阴阳中的阳，似乎取代了伏羲，从而西王母也代替了女娲。《吴越春秋》云：越人“立东郊以祭阳，名曰东皇公；立西郊以祭

① 尚秉和：《焦氏易林注》，光明日报出版社 2005 年版，第 90 页。

② 杜而未：《神州溯源》，台湾商务印书馆 1974 年版，第 149 页。

③ 东方朔：《神异经》，载王文濡编《说库》，广陵书社 2008 年版，第 15 页。

阴，名曰西王母”。由此可知，唐河画像石上的第三者不会是东王公。既然他搂着蛇身的伏羲、女娲，而经上述分析可知蛇身的伏羲、女娲是阳、阴，可知这里的“东王公”其实是死者魂灵阴阳相生之后的“新人”。

在汉代，民间有祭祀西王母求子的风俗。《易林》云：“稷为尧使，西见王母，拜请百福，赐我嘉子。”[①] 西王母被看成生育之神，“化生万灵，育养群品”，因为死神的职责之一是魂灵的阴阳相生，即生命的再生。陕西神木大保当墓葬里的西王母，长着一个牛头，有人认为是受佛教牛头马面影响的结果。叶舒宪则认为，牛头类似于子宫，牛头西王母表征了西王母掌控生育和再生的权力。[②] 这一解释切中肯綮，因为在神的时代，牛头女神作为再生女神广泛地存在于世界各地。西王母的神祇功能，随着时空结构的变迁而几经演变。佛教传入中土之后，伏羲女娲的升天图像被引路菩萨、鬼差绳索取代；西王母的赐生被送子天王、送子菩萨所代替。在道教世界里，西王母的生死宰制权被南极星、北斗星所替换，如东汉河南南阳麒麟岗石墓前室顶部的天文画像，其中没有西王母，代之以北斗和南斗（道教宣扬南斗主生、北斗主死），而人面蛇身的伏羲女娲怀抱日月图像没有变。[③] 西王母与北斗、南斗之生死权之等值，印证了伏羲、女娲对偶图像中西王母的死神功能。

山东嘉祥武梁祠一画像石上的伏羲、女娲中间，有一个颇有喜感的小儿拉着他们的衣袖。旁边榜题为“伏羲仓精”。其实，从阴阳结

① 无名氏：《易林注》，载《续修四库全书·子部》第1054册，上海古籍出版社2002年版，第308页。

② 叶舒宪：《牛头西王母形象解说》，《民族艺术》2008年第3期。

③ 王建中：《中国画像石全集》第6卷《河南汉画像石》，河南美术出版社2000年版，第102—103页。

构可知，这个在伏羲、女娲中间的小孩，便是死者去西天西王母那儿报到之后，经过阴阳化生，从而获得了新生的视觉展现。

五　从时空结构考察图像的类型学意义

伏羲、女娲对偶图像的解读，作为一个具体的个案，具有类型学的典型意义。当我们解读图像意义的时候，该图像所在的空间和时间，应该是考量的一个重要的因素。何以言之？这是因为图像所在的空间和时间参与其意义的生成和生产。

人们对伏羲、女娲对偶图像意义的读误，原因主要在于其先入之见即其常识性认知作为错误的前理解，导致了对图像意义的整体性把握。物的意义面向维度，与其空间密切相关。在这一点上，维多利亚·亚历山大在其《艺术社会学》中已作了详细的论述，即空间重构了物的存在意义。物在不同的空间和位置，语境重新赋予了它新的价值和意义。同样的道理，理解伏羲、女娲对偶图像的意义，就不能不考量它所在的空间和空间所赋予的确切意义。

后人对艺术作品的意义解读，往往是从后世时空结构的限定性、词语的当下性和理解范式的现实性出发去把握另一个世界中的图像。例如，以西王母在魏晋、宋元时期的图像意义去理解东汉时期伏羲、女娲对偶图像中西王母的图像意义，就会得出一个似是而非且令人困惑难解的结论来。正确的方法论，应该是着眼于时代性图像的时间、空间结构还原趋向的重构（原汁原味的还原是不可能的），这种重构一定是时代性知识的认知和“回到事物本身”的阐释。

伏羲、女娲、西王母、玉兔、蟾蜍、规、矩等在不同的历史时空里，其具体的图像意义是不完全相同的，犹如语词的意义在于其被使用一样，图像的意义与语境的时空性浑然一体，从而伏羲、女娲对偶图像中的诸多图像的意义解读，委实是要回到其生成的时空结构中去，庶几寻觅到其原本的意义言说。

六　结语

由以上可知，伏羲、女娲对偶图像，尤其是其中的伏羲、女娲交尾图，往往被解读为生殖崇拜，其实是错误的。在尸体横陈的墓室，生殖崇拜何以可能？从图像所在的墓室以及东汉时期盛行的生死观来看，伏羲、女娲对偶图像实质上是死者的亲人期盼死者魂灵升天、阴阳相生以再生的心理意识的图像化。其间的阴阳二气（蛇身化以寓意交合）、不死之药、日月、规矩等都获得了图像中整体性的意义展现，从而表明“再生”是伏羲、女娲对偶图像的意图、主旨和意义。

《莺莺传》的命名问题

一　问题的提出

元稹撰《莺莺传》，其传奇题目为什么不是“崔莺莺传”？崔莺莺为何有名而没有字？元稹是鲜卑族后裔，为何撰写诗歌反感胡风？元稹的民族意识生成于何种历史背景？元稹的民族身份对其文学创作有何影响？元稹的文学创作与文化身份在唐代诗人中是否具有类型学的价值和意义？

二　姓氏

《莺莺传》为何不是《崔莺莺传》？古人云有三不朽：“立德、立功、立言。”儒教，又被称之为“名教”。不管怎样，受儒家思想之影响，古人流芳百世之不朽的意识是很强烈的。而为人立传，姓氏是极其重要的。例如《元史》中的节妇传，多有称姓氏而不名者，如“崔氏”“周氏”“杨氏”“郎氏”“闻氏”“丁氏”等①。从而可知，

① 宋濂等：《元史》，中华书局2013年版，第4483页。

姓氏何其重要，然而《莺莺传》为何不标明姓氏呢？

在古代中国，对女子直呼其名，原因一般有二：一是女子本身贫贱，身为奴婢；二是某些族群如游牧民族，称名不举姓。陈寅恪读《莺莺传》，主要关注了前者，如认为崔莺莺“非高门女”，而忽视了后者，崔莺莺有可能是鲜卑族；陈寅恪后来在《元白诗笺证稿·附校补记》中认为崔莺莺有可能是粟特人，则是过犹不及也。

崔氏在中国历史上为大姓。所谓“五姓七望”，指的是：彭城刘氏、中山刘氏、博陵崔氏、清河崔氏、范阳卢氏、荥阳郑氏、太原王氏。清河崔氏小房自北魏至隋唐，一直位居崔、卢、李、郑四姓之首，被推为第一高门。刘餗在《隋唐嘉话》卷中云：“（唐）高宗朝，以太原王、范阳卢、荥阳郑、清河博陵二崔、陇西赵郡二李等七姓，恃其族望，耻与他族为婚，乃禁其自姻娶。”①

《隋唐嘉话》卷中记载：薛元超出身于河东汾阳名族，唐高宗时迁中书司侍郎。不久，同中书门下三品。“薛中书元超谓所亲曰：‘吾不才，富贵过分。然平生有三恨：始不以进士擢第；不得娶五姓女；不得修国史。’”② 从中可见，门阀制度对当时社会风气的影响力何其之大。

陈寅恪认为：“盖唐代社会承南北朝之旧俗，通以二事评量人品之高下。此二事，一曰婚。一曰宦。凡婚而不娶名家女，与仕而不由清望官，俱为社会所不齿。”③ 陈寅恪此论，中其肯綮，但似乎过于绝对和夸大。

俗语说：“皇帝的女儿不愁嫁。”在唐代，由于门阀制度，公主竟然也愁嫁。唐宪宗为爱女岐阳公主择婿，诏宰相高选士族，他们皆辞

① 刘餗、张鷟：《隋唐嘉话　朝野佥载》，中华书局1979年版，第33页。

② 同上书，第28页。

③ 陈寅恪：《读莺莺传》，《元白诗笺证稿》，商务印书馆2017年版，第116页。

疾不应。唐宣宗诏宰相于进士中选驸马，有人荐王徽，王徽闻之忧形于色，力辞，方免。白敏中做媒，唐宣宗爱女万寿公主下嫁状元郑颢，郑颢一直耿耿于怀，衔恨白敏中。唐文宗曾经感叹道："民间修婚姻，不计官品而上阀阅，我家二百年天子，顾不及崔卢耶?!"①

从姓氏来看，崔莺莺之崔姓，在北朝、隋代、唐代为世家高门。或曰，《莺莺传》乃唐人传奇，传奇为小说，小说为虚构，是不能以之作为证据的。此说大有道理。然而，且不说古代中国为史之大国，文人有立言不朽之追求，即便以唐人传奇来看，小说特意点出具体时间的意识、注明故事的来源出处等难道不是一种力求"真实叙事"吗？具体到《莺莺传》，从其行文来看，"崔氏之家，财产甚厚，多奴仆"，或许是小说家言，不可全信；而"崔氏甚工刀札，善属文"，却似乎不是虚构，这有崔莺莺的书信可以为证。能够"工刀札，善属文"的女子，必定受过较好的教育，而酒家胡、倡伎一般说来是不长于作文的。红娘说："崔（莺莺）之贞慎自保，虽所尊不可以非语犯之。"红娘为贴身丫鬟，日常交往当然最为熟知。以此可知，崔莺莺不是淫贱之辈。最为关键的是，虽然我们可以推知崔莺莺是鲜卑族女子，而她却在青年男女交往中颇有羞耻感、礼法意识，这显然不是倡伎或酒家胡所能做到的。况且，一方面，《莺莺传》既然被后人视作小说而不可信，另一方面，陈寅恪又认为《莺莺传》是"贞元朝之良史料"，如普救寺，实有其寺；"浑瑊及杜确事，取旧唐书一三德宗纪贞元十五年十二月庚午及丁酉诸条参校之，信为实录"②，如此种种，皆表明崔莺莺绝非陈寅恪所云"酒家胡女"或娼妓。

《元稹集·春晓》诗云："半欲天明半未明，醉闻花气睡闻莺。

① 欧阳修、宋祁：《新唐书》，中华书局1975年版，第5206页。

② 陈寅恪：《读莺莺传》，《元白诗笺证稿》，商务印书馆2017年版，第120页。

猧儿撼起钟声动，二十年前晓寺情。”这首诗歌，与《莺莺传》所述张生与崔莺莺之缠绵悱恻是完全吻合的，从而不排除此乃元稹对青春年少往事的追忆。《莺莺传》言张生年二十二。据白居易为元稹所作墓志铭，元稹在大和五年（831）薨，五十三。即当以大历十四年（779）己未生，至贞元庚辰，元稹正好是二十二岁。此亦可补证《莺莺传》叙事逻辑的纪实性。

王铚《〈传奇〉辨正》说：“清源庄季裕为仆言，友人杨阜公尝得（元）微之所作姨母郑氏墓志云，其既丧夫，遭军乱，微之为保护其家备至。则所谓《传奇》者，盖（元）微之自叙，特假他姓以自避耳。”①

王铚《〈传奇〉辨正》又云：“（元）微之作《陆氏姊志》云：‘予外祖父授睦州刺史郑济。’白乐天作《微之母郑夫人志》亦言：‘郑济女。’而唐《崔氏谱》：‘永宁尉鹏，亦娶郑济女。’则莺莺者，乃崔鹏之女，于微之为中表。正《传奇》所谓郑氏为‘异派之从母’者也。”②

曹家琪《崔莺莺·元稹·〈莺莺传〉》否定所谓“高门”与“寒门”的矛盾冲突，认为崔莺莺出身名门，是崔鹏之女，只是家道后来逐渐衰微③。

许总对崔莺莺的家世和行踪作了考证，“考诸唐人权德舆《崔元翰文集序》以及金人董解元《西厢记诸宫调》、元人王实甫《西厢记》杂剧所遗留的史料乃至透露的有关信息，崔莺莺确系崔鹏之女，与元稹为姨表兄妹”④。

据《史书》，元稹（779—831），字微之，河南（今河南洛阳）

① 汪辟疆：《唐人小说》，上海古籍出版社1978年版，第141页。

② 同上。

③ 曹家琪：《崔莺莺·元稹·〈莺莺传〉》，《光明日报》1954年9月14日。

④ 许总：《崔莺莺家世及行踪辨正》，《中国典籍与文化》2003年第1期。

人，唐代著名诗人。北魏昭成帝拓跋什翼犍十世孙，父元宽，母郑氏。北魏孝文帝将都城从平城南迁之洛阳，从此鲜卑贵族大多成为洛阳人。孝文帝改汉姓，拓跋氏为“元”。以此可知，元稹是鲜卑人的后裔。而崔莺莺与元稹是姨表兄妹，用《莺莺传》里的话来说就是“中表相因”，因此崔莺莺之姓崔氏，也是真实的，至少是陈寅恪所谓的“通性真实”。

三　名与字

陈寅恪一直在思考崔莺莺张生事，他在《附校补记》中指出：“此女姓曹名九九，殆亦出于中亚种族。考吾国自汉以来之史籍所载述，中亚胡人善于酿酒……莺莺所居之蒲州，唐代以前已是中亚胡族聚居之地，可以证明。中亚胡族，肤色白皙，特异于汉族。今观才调集伍元稹《杂思》六首之六‘寻常百种花齐发，偏摘梨花与白人’，则莺莺之肤色白皙可证。由是而言，就莺莺所居之地域及姓名并善音乐等条件观之，似有辛延年诗所谓‘酒家胡’之嫌疑也。”①

从“白人”或玉人推论，崔莺莺皮肤白皙，进而推知她或许是粟特人，这是有道理的，因为粟特人为东部波斯人，属于白种人。然而，事实是不惟粟特人是白人，鲜卑人也是白种人。据陈寅恪考证，“须黄、肤白为鲜卑人特征”②。鲜卑人被敌方称之为“白虏”，又可以证明其主要体征为“肤白”。另外，元稹与崔莺莺为“中表”，而元稹的的确确是鲜卑人，因此从种族血缘上来说，崔莺莺当然也是鲜卑人。如此说来，崔莺莺不是从中亚来的酒家胡。

---

① 陈寅恪：《附校补记》，《元白诗笺证稿》，商务印书馆 2017 年版，第 375—377 页。

② 万绳楠整理：《陈寅恪魏晋南北朝史讲演录》，贵州人民出版社 2008 年版，第 85 页。

陈寅恪认为，崔莺莺是“曹九九”，原型是粟特种族移民的“酒家胡”女子。他说元稹《曹十九舞绿钿》诗中的“曹十九”，是“曹九九”之讹。《代九九》诗中的“九九”，即“莺莺”。陈寅恪《读〈莺莺传〉》举元稹《代九九》诗为例，说“唐代女子颇有以‘九九’为名者”，“‘九九’二字之古音与莺鸟鸣声相近，又为复字，故微之取之，以暗指其情人，自是可能之事”①。

许总认为，陈寅恪上述所论，纯属推测，难以确证。且将“莺莺”说成一胡族歌舞伎，与《莺莺传》所述大不相符。再者，陈氏说元稹《代九九》诗中的“九九”就是《曹十九舞绿钿》中的“曹十九”，而“曹十九”之“十”是“九”之讹误，并无实据。②

崔莺莺为何没有字？男子二十而冠，冠则取字。女子待字阁中，是尚未许人。《礼记·曲礼上》云：“女子许嫁，笄而字。”《仪礼·士昏礼》曰：“女子许嫁，笄而醴之，称字。”古代女子满 15 周岁结发，用笄贯之，因称女子满 15 周岁为及笄。《莺莺传》写道，崔莺莺年已 17 岁，故年已及笄。然而，她却没有“字”。岂非咄咄怪事？

陈寅恪以为，崔莺莺无字，表明其社会地位卑贱，即“莺莺所出必非高门”③。固然，如前所述，在古代中国，有的人只有名而没有字。一般说来，有两种情况：一是奴婢，如《金瓶梅》中的平安、玳安、秋菊、画童，等等，再如《红楼梦》中的袭人、晴雯、茗烟、锄药、入画、抱琴、侍书，等等。二是游牧民族多直呼其名，“称名不举姓”。人们往往注意到了前者，而忽视了后者。

元稹作《莺莺传》，命名为“莺莺传”而不是“崔莺莺传”，极有可能是出自民族性起名惯习。游牧民族称名不举姓，拙文《贾宝玉

---

① 陈寅恪：《附校补记》，《元白诗笺证稿》，商务印书馆 2017 年版，第 375 页。

② 许总：《崔莺莺家世及行踪辨正》，《中国典籍与文化》2003 年第 1 期。

③ 陈寅恪：《读莺莺传》，《元白诗笺证稿》，商务印书馆 2017 年版，第 115 页。

的称谓问题》有过详细论述，此处不赘。仅举几例以示说明：冒顿，与拔都都是音译，意思是勇士，是名不带姓。阿骨打是名。铁木真是名。努尔哈赤是名。而元稹，如前所述，从其姓“元”可知，他是鲜卑人。鲜卑人具有游牧民族“称名不举姓”的习惯，因而元稹在崔莺莺作传记的时候，出于鲜卑人“称名不举姓”的传统做法，直呼其名“莺莺”而不像汉民族那样重视姓氏。于是《莺莺传》之命名，潜意识地暴露出了元稹鲜卑人族群起名的习俗。

四 身份

崔莺莺是酒家胡女或娼妓吗？本文第三部分，已经论证了崔莺莺不可能是粟特人酒家胡。现在看看她有没有可能是女冠或伎女。

陈寅恪根据《莺莺传》又称《会真记》，“会真”即遇仙、游仙之意，唐人有以“仙”指倡伎者，推测“（崔）莺莺所出必非高门”①。陈寅恪在文章开篇即指出“会真”二字，乃唐朝习用之语，与道教大有渊源，即“遇仙”或“游仙”的意思，由六朝流传至唐。陈寅恪说：“仙（女性）之一名，遂多用作妖艳妇人，或风流放诞之女道士之代称，亦竟有以之目倡伎者。”② 李丰楙认为：“中唐社会流行以仙拟妓，在当时既已蔚为风尚。”③

女道士在唐代，风流容或有之，然而却未必卑贱。如玉真公主、金仙公主为唐睿宗的女儿、唐玄宗的妹妹，她们都做了女冠。女子守贞意识，在李唐尚没有市场。唐代前期公主再嫁、三嫁者甚多，仅肃

① 陈寅恪：《读莺莺传》，《元白诗笺证稿》，商务印书馆2017年版，第107、111、112页。

② 同上书，第111页。

③ 李丰楙：《忧与游：六朝隋唐仙道文学》，中华书局2010年版，第212页。

宗以前再嫁者23人，三嫁者4人。而中晚唐公主出嫁者较少，例如唐宣宗女11人，7人未嫁。

崔莺莺更不会是伎女。原因在于在封建社会里，良贱不婚。伎女属于贱籍，朝廷法律明文赫然，社会身份难以作假，因此假若崔莺莺是妓女，她心知肚明，绝对不会谈婚论嫁的。例如《霍小玉传》里的霍小玉，对李益说："妾本倡家，自知非匹。"又说："妾年始十八，君才二十有二，迨君壮室之秋，犹有八岁。一生欢爱，愿毕此期。然后妙选高门，以谐秦晋，亦未为晚。妾便舍弃人事，剪发披缁，夙昔之愿，于此足矣。"今将《莺莺传》与《霍小玉传》两相对照，就会发现崔莺莺绝非伎女。

然而，在《莺莺传》中，陈寅恪对"会真"的理解则是断章取义。如果孤零零地理解，陈寅恪的解释当然非常有道理。然而，如果结合着小说的语境，联系上下文，对"会真"的理解就不会是陈寅恪所谓的"女冠""妖艳妇女"或"妓女"。陈寅恪对"会真"的先入之见，引导他误读了崔莺莺的身份。文中张生思慕崔莺莺，写了《会真诗》三十韵。这里的会真怎么会可能是女道士、妖艳女子或是妓女呢？这里的"真"应该是张生心目中仙子一样的美女子。也就是说，人们对《会真诗》的理解，应该把握它具体语境中的所指，而不是去除语境之后的能指。

依据小说文本，崔莺莺当是什么人呢？她是张生"异派之从母"的女儿，深明礼仪，能弹《霓裳羽衣序》，长于书信，爱慕才气。因而，崔莺莺绝非社会底层女子。试问，寒门女子，一般没有受过教育，何能多才多艺？

《尔雅》云："母之姊妹，为从母。"在唐代，从母指的是姨母。谢思炜认为："其上加异派措辞，则仅见于元稹此文。此异派当取同源异派之义。今结合崔悦志所载，可知其所指并非元稹母的其他郑氏堂姊妹，而是指她的同父异母之姊，即崔悦所生五女之一。此五女确实为郑济之女，故王性之称引唐崔氏谱亦不误，但由于前母所出等原因，可能并未与卢氏所生元稹母等人一起生活，乃至后辈竟互不熟悉，遂有绪其亲之事。”①

陈寅恪指出：“《莺莺传》为（元）微之自叙之作，其所谓张生即微之之化名，此固无可疑。”②

陈寅恪认为，崔莺莺的原型为“双文”。元稹《杂忆诗五首》其三云：“忆得双文胧月下，小楼前后捉迷藏。”其四云：“忆得双文独披掩，满头花草倚新帘。”其五云：“忆得双文衫子薄，钿头云映褪红酥。”《梦游春》诗云：“睡脸桃破风，汗妆莲委露”“鲜妍脂粉薄”“忆得双文通内里，玉栊深处暗闻香”“闲窥东西阁，奇玩参差市。隔子碧油糊，驼钩紫金镀”“潜褰翡翠帷，瞥见珊瑚树。”

陈寅恪说：“（元）微之所以弃双文（即莺莺）而娶成之（韦丛字），及乐天（白居易字）、公垂（李绅字）诸人之所以不以其事为非，正当时社会舆论道德之所容许。”“但（元）微之因当时社会一部分尚沿袭北朝以来重门第婚姻之旧风，故亦利用之，而乐于去旧就新，名实兼得。然则（元）微之乘此社会不同之道德标准及习俗并存杂用之时，自私自利。综其一生行迹，巧宦固不待言，而巧婚尤为可恶也。岂其多情哉？实多诈而已矣。”③

五　鲜卑民族的称谓问题

鲜卑族人本没有姓氏，他们本来是直呼其名。据《魏书·序纪第

① 谢思炜：《崔郑家族婚姻与〈莺莺传〉睽离结局》，《文艺研究》2010 年第 2 期。

② 陈寅恪：《读莺莺传》，《元白诗笺证稿》，商务印书馆 2017 年版，第 112 页。

③ 陈寅恪：《艳诗及悼亡诗》，《元白诗笺证稿》，商务印书馆 2017 年版，第 99 页。

一》可知，鲜卑人的皇帝谱系诸如贷、观、楼、越、推、利、俟、肆、机、盖、侩、隣、诘汾、力微、悉鹿、绰、弗、禄、郁律等等都是名①，而非姓名。

沈约著《宋书·张畅传》曾经记载："畅因问虏使姓，答云：'我是鲜卑，无姓。且道亦不可。'（张）畅又问：'君居何任？'答云：'鲜卑官位不同，不可辄道，然亦足与君相敌耳。'"② 时元嘉二十七年，即公元450年。此乃5世纪中，鲜卑尚且没有姓。

历史学家罗新指出："在拓跋鲜卑姓、名华夏化的历史过程中，皇室走在宗室贵族之前，宗室贵族走在一般部族名众之前。"③

北魏太和十九年（495），朝廷按照家世、官爵等标准，将代北以来的鲜卑贵族定为姓、族。《魏书·官氏志》记载："有三世官在给事已上，及州刺史、镇大将，及品登王公者为姓。……而有三世为中散、监已上，外为太守、子都，品登子男者为族。"④ 姓为高，族次之，其中穆、陆、贺、刘、楼、于、嵇、尉八姓，"皆太祖已降，勋著当世，位尽王公，灼然可知者，且下司州、吏部，勿充猥言，一同四姓"⑤。所谓四姓，一说为中原汉族高门崔、卢、李、郑。

北魏孝文帝改革，曾下令把鲜卑族人的姓氏（通常是复姓）改为单姓。例如，拓跋氏改为元姓或长孙氏，独孤氏改为刘姓，丘穆棱氏改为穆姓，步六孤氏改为陆姓，纥骨氏改为胡氏，普氏改为周氏等等。也就是说，鲜卑人自从平城迁都洛阳、汉化改革之后，才有汉民族所谓的姓氏。鲜卑人在草原上本不注重姓氏，那么，他们彼此之间

---

① 魏收：《魏书》，中华书局2017年版，第1—9页。

② 沈约：《宋书》，中华书局1974年版，第1600页。

③ 罗新：《北魏皇室制名汉化考》，《中国中古史研究：中国中古史青年学者联谊会会刊》第2卷，中华书局2011年版，第144—149页。

④ 魏收：《魏书》，中华书局2017年版，第3274—3275页。

⑤ 同上书，第3274页。

如何称谓呢？直呼其名。

清代旗人之间，都是“称名不举姓”。听说，给启功写信，如果信封上是爱新觉罗·启功或者是金启功，他都不开启的。不知真假，但至少表明满族对称谓的习俗究竟是如何的。看老舍《正红旗下》，里面的人物相互之间都是直呼其名的。其实，不只是满族人，其他诸如蒙古人、契丹人、匈奴人、突厥人、粟特人等都是彼此之间“称名不举姓”。这就类证了鲜卑人的称谓问题。

六　元稹的汉化

元稹虽然为鲜卑人的后裔，却是严重汉化了的鲜卑人后裔。元稹曾经写过许多首诗歌，他与白居易在当时执诗坛之牛耳，引领一时之风尚。他虽然是鲜卑族贵族的后裔，却是服膺汉文化，而反感胡气，如《法曲》等，都是反对社会上的胡化之风的。

《和李校书新题乐府十二首·法曲》诗云：“吾闻黄帝鼓清角，弭伏熊罴舞玄鹤。舜持干羽苗革心，尧用咸池凤巢阁。大夏濩武皆象功，功多已讶玄功薄。汉祖过沛亦有歌，秦王破阵非无作。作之宗庙见艰难，作之军旅传糟粕。明皇度曲多新态，宛转侵淫易沉著。赤白桃李取花名，霓裳羽衣号天落。雅弄虽云已变乱，夷音未得相参错。自从胡骑起烟尘，毛毳腥膻满咸洛。女为胡妇学胡妆，伎进胡音务胡乐。火凤声沉多咽绝，春莺啭罢长萧索。胡音胡骑与胡妆，五十年来竞纷泊。”① 这首诗歌概叹胡风盛行，却是以汉文化中的黄帝、尧、舜等作为对照的背景，以此昭显安史之乱后长安、洛阳等大都市的风俗演变。

---

① 谢永芳编著：《元稹诗全集》，崇文书局2016年版，第512页。

元稹、白居易的诗歌、散文、政论文在当时堪称时代的标杆，从他们的创作可知，虽然他们都不是汉民族后裔，但是他们汉化程度极深。陈寅恪曾经说过，民族身份以文化论，而不是以种族论，此乃卓见。关注元稹的民族身份，似乎是赘疣，然而，文化是复杂的，族群的传统也是根深蒂固的，因此透视其文化的血统，对于理解其诗文创作，也是必要的。

七 结语

哈罗德（Harold R. Isaacs）说过："在族群认同中，名字虽然不是核心部分，但却可以引导我们找到核心，引导我们深入核心内部的历史、渊源与感情。"① 元稹所撰《莺莺传》，其传奇取名不为"崔莺莺传"，问题虽小，而所指为大。其间的缘由，涉及种族、文化、习俗、历史等知识，因而在小说知识学的透视之下，《莺莺传》的命名问题，或许与作者元稹本为鲜卑族人、鲜卑人"称名不举姓"、元稹与崔莺莺"中表相因"不无关系。

① ［美］哈罗德·伊罗生：《群氓之族——群体认同与政治变迁》，邓伯宸译，广西师范大学出版社2008年版，第104页。

水浒人的绰号与蒙古族的取名习俗

水浒好汉的绰号，前贤时俊多有所论述。然而，大多数相关研究却是对于难以理解的外号作通俗易懂的解释。此处不赘引。水浒人的绰号中多有以动物甚至是以恶禽猛兽起名的，这在汉文化中似乎不好理解。水浒人绰号，还有一部分是以身体的非寻常特征来命名的。蒙古人起名有何民族性特点？水浒人物的绰号与蒙古人的起名文化有何关联？从民族文化间性及其深层文化结构这个角度来探讨水浒人的绰号问题，却是极为罕见，因此有进一步探讨的必要性。

一

“绰号”这个词汇最早出现在元朝，是蒙古语影响之下产生的一个词语，其词源是蒙古语的 col，读作“绰”，意为外号、诨名、混号、混名、花名或野名。绰号即宋代之“诨号”。有人将唐代之“别号”也等同于绰号，这似乎需要辨正：清咸丰年间史梦兰编撰《异号类编》序言曰：“至于别号之兴，大抵始于周秦之际，瑰奇之士不得志于时，放浪形骸，兀忧自喜，假言托喻，用晦其名……至宋而泛滥，极矣。上而君相，下至商贾，莫不假山林隐逸之称，儒林文墨之号，甚且彼此讼袭不厌，雷同至今未已。”从史梦兰的序言可知，别号与绰号不同，别号似乎就是汉人的自号。而绰号则是另一种文化现象，它是一个人身份或个性的隐喻或转喻之表征，反映了民族的审美趣味，体现了民俗特性。

绰号是一个人的身份标识，名实之间，一个人的绰号往往比他的名字可能还接近于这个人的实在，即绰号一般是对这个人的实质性、内在性和精神性的把握。吴十洲《民国人物绰号杂谭·前言》以为绰号有着“公认（即绝非自家所起）和形象”两大特征。而其中的形象，就是依据身体特征或与动物有共通性而赋予人物的表征。人之动物化的隐喻有两大类：一是此人像什么；二是此人是什么。

鲁迅指出，绰号“起源，是古的。从汉末到六朝之所谓‘品题’，如‘关东觥觥郭子横’，‘五经纷纶井大春’，就是这法术”①。也就是说，鲁迅认为绰号源自品题。其实，毋庸置疑，绰号之现象，上古即已有之，真正源头恐怕已不可考。但自汉以来，诸如黄牛媪、冢中枯骨、饥鹰饿虎、立地书橱等绰号式的称谓时见于文字。

汉代的严延年、郅都、董宣三个酷吏，其绰号分别为“屠伯”“苍鹰”“卧虎”。从这三个绰号来看，它们表征的是人的个性，即是什么的禀性，而非相关动物的形象。然而，贾逵因身高头长，被称为“贾长头”，则是以身体特征来代指其人，是转喻，从而表明汉民族并不是没有依据长相而取绰号的。

萧红认为：“东汉到隋是各民族文化交融的重要时期，其间的人名异称绰号呈现出许多特点，如绰号号主多为上层人士，多为男性，成年人居多，社会交际广泛，得号的主要原因在其才艺爱好或品性；

---

① 鲁迅：《且介亭杂文二集·五论“文人相轻”——明术》，人民文学出版社2005年版，第394—395页。

号主与取号人的关系以一致关系为主；晋以后绰号来源语中外来语、方言俗语的比重逐渐扩大等。”① 从这段考论可知，汉人的这种绰号与水浒人物的诨号似乎差别较大。

唐朝官员的绰号为后人所熟知的有：吉顼“望柳骆驼”、唐若波“郁屈蜀马”、苏征“失孔老鼠”、张元一“逆流蛤蟆”、姚元崇“赶蛇鹳雀”、张籍“穷瞎张太祝”、李贺“长爪郎”、李绅“短李”、温庭筠“温八叉”等，这些绰号是形象思维的产物。李唐王朝绰号相对来说较多，难道与鲜卑这个游牧民族有关吗？

宋人贺铸，体长七尺，面铁色，眉目耸拔，人家叫他“贺鬼头”。据说，在宋代，给人起绰号盛行一时，诸如李铁枪、赛张飞、姚大虫、梅河豚、张孤雁、三不吠犬、取命鬼、张鲇鱼、生色骷髅、罗擒虎、张寻龙、髯阉、滚海蛟、九尾狐、王夜叉、殿上虎、橐驼儿等不胜枚举。南宋罗烨的《醉翁谈录》记载了《花和尚》《青面兽》《武行者》《石头孙立》等篇目。三十六位水浒好汉的绰号，在元代的《大宋宣和遗事》中已经完备。宋王朝实行右文政策，如当时人所言，即使是将十万兵，收复幽云十六州，亦不如高中状元。然而，《水浒传》却很看不起大头巾，如王伦辈书生，小说的作者认为他们百无一用，连贼都做不好。水浒好汉的尚武风气，显然与宋王朝的文弱气截然不同。

我们今天所知的三国人物的绰号，如“大耳贼”“环眼贼”等，主要是由于《三国志演义》的影响，而这部小说成于元代，也就是说这些绰号所反映的是元代的社会风气。而《三国志》成书于西晋，里面的人物就没有小说中的那些绰号。

---

① 萧红：《东汉—隋人名异称绰号的特点与中古社会生活》，《荆楚学刊》2013 年第 1 期。

在《水浒传》中，有的绰号是根据人物的形体或外貌特征来起的，有的依据人物的某种特长或才能、人物的性格或个性、职业特征、使用的兵器、崇拜仿效古人、借用鬼神之名来取绰号的，水浒好汉大多以动物名来取绰号，其中以虎为绰号的特别多：如插翅虎、锦毛虎、矮脚虎、笑面虎、跳涧虎、中箭虎、花项虎、青眼虎、病大虫、母大虫、没毛大虫等。其他动物绰号有：玉麒麟、豹子头、入云龙、扑天雕、青面兽、九纹龙、浪里白条、两头蛇、双尾蝎、摩云金翅、火眼狻猊、锦豹子、出洞蛟、翻江蜃、井木犴、鼓上蚤、金毛犬、通臂猿、白日鼠、金眼彪、旱地忽律、飞天蜈蚣、黄蜂刺、过街老鼠、白花蛇、九尾龟、独角龙、出林龙、金钱豹子、青草蛇、乾鸟头、油里鳅、神驹子、角木蛟、亢金龙、房日兔、心月狐、箕水豹、斗木獬、牛金牛、女土蝠、虚日鼠、危月燕、室火猪、奎木狼、娄金狗、胃土雉、昂日鸡、毕月乌、觜水猴、参水猿、鬼金羊、柳土獐、星日马、张月鹿、翼火蛇、赤须龙、太湖蛟、瘦脸熊等。“《水浒全传》中以动物为绰号的大约占了三分之一，天上飞的，如雕、鹏等；地上跑的，如虎、豹、狮子等；水里游的，如鱼、蜃、蛟等；还有龙、麒麟、龟、蛇、猿、犬、鼠、蚤等，可以说是各种类的动物都有所包括。可以看出，在当时社会，人们对以动物来命名的绰号是相当喜欢，并且以动物来作绰号是一种非常普遍的现象。”①

在《水浒传》中，还有的绰号是根据人物的形体或外貌特征来取的。如青面兽杨志，因“面皮上老大一搭青记”，故称“青面兽”；史进身上有“一团花绣，肩膊胸膛，总有九条龙，满县人口，都叫他‘九纹龙’”；林冲生得豹头环眼，绰号为“豹子头”；朱仝有一尺五

① 李静：《〈水浒全传〉人物绰号研究》，硕士学位论文，山东大学，2010年，第44页。

寸长的须髯，故被称作“美髯公”；郑天寿因“生得白净面皮”，故有“白面郎君”的称呼等。

在《水浒传》中，并非只有英雄好汉才有绰号，其他人物也大多有绰号，如山夜叉孙元、蒋门神蒋忠、郑屠“镇关西”、牛二“没毛大虫”、崔道成“生铁佛”、丘小乙“飞天夜叉”、武大郎“三寸丁谷树皮”、张三“过街老鼠”、李四“青草蛇”等。

绰号，即诨号、外号。绰号是一种文化现象，它是身份或个性的表征，反映了民族的审美趣味，体现了民俗特色。鲁迅在《华盖集·补白》中说：“中国老例，凡要排斥异己的时候，常给对手起一个诨名，——或谓之‘绰号’。这也是明清以来讼师的老手段；假如要控告张三李四，倘只说姓名，本很平常，现在却道‘六臂太岁张三’，‘白额虎李四’，则先不问事迹，县官只见绰号，就觉得他们是恶棍了。”[①] 汉人对于“恶棍”或所谓“恶棍”首先是将其禽兽化，如孟子所谓的“无父无君，禽兽也”，再如打官司时惯用的“恶谥”枭亲、鳄亲、虎亲、鳄伯、虎叔、虎兄等都是将其动物化进而禽兽化，从而进行规训或棒杀。这是绰号在汉文化语境中的一般情形。

在汉文化语境中读《水浒传》，很容易产生这样的困惑：为何将替天行道、打抱不平的水浒好汉隐喻为动物？给他们起绰号诸如龙、凤、麒麟还好，可是为什么将为人所不齿的动物如龟、犬、老鼠、跳蚤、蛇、鳄鱼、蝎子等给英雄好汉作绰号呢？在汉文化伦理生态中，这些动物不是用来骂人的吗？而在《水浒传》中，以动物作为绰号的水浒人并不在少数，竟然多达 32 人。如此一来，水浒人的绰号就成了一个文化问题。

---

① 鲁迅：《华盖集·补白》，《鲁迅全集》第 3 卷，人民文学出版社 2005 年版，第 110 页。

然而，在蒙古族文化中，绰号即使是动物化的绰号似乎也没有如此的恶名和后果。显然，游牧民族与汉民族对于动物有着不同的情感认同和价值倾向，从而动物伦理具有鲜明的民族性。水浒好汉不仅都有绰号，而且其中很多绰号都是动物化的，甚至是恶禽猛兽一类的，从而表明它们所表征的文化与汉文化有所差异。

世界上，每个民族在每个时代，恐怕都会有起绰号的现象。不同之处在于，有的民族起绰号不是普遍现象，而有的民族却是普遍现象。汉民族，其实是一个历史长河中生成的杂交民族。而在汉族的历史上，起绰号有的时代多，有的时代少，但相对于蒙古族来说，普遍少。就像我们说少数民族能歌善舞，但这并不意味着汉族就没有能歌善舞的。同理，在起绰号这方面，游牧民族总的来说要比汉民族多得多。尤其是动物绰号，由于游牧民族与动物的感情较为深厚，从而以动物名来起名或起绰号的就格外多。“果戈里夸俄国人之善于给别人起名号”①，其实，这不是虚夸，俄国人委实是长于起绰号。鲁迅说：“夸张了这人的特长——不论优点或缺点，却更知道这是谁。可惜我们中国人并不怎样擅长这本领。”② 那么，为什么呢？绰号的问题与民族性有无关系？

从水浒好汉的绰号来看，就像是龙相关的绰号，竟然没有避讳，这在礼乐文化生态的汉族封建社会里是不可思议的。至于凶恶的野兽，本来是骂人的，竟然也成了好汉的绰号。如前所述，这一点在讲究伦理道德文化的汉族社会里，也是不可思议的。从而表明，水浒人物的绰号问题，其实倒是言说着《水浒传》的文化底蕴。

民族文化，彼此间极少只是孤立而纯粹的，绝大多数都是杂交

① 鲁迅：《且介亭杂文二集·五论“文人相轻”——明术》，人民文学出版社 2005 年版，第 394 页。

② 同上。

的，从而汉民族文化中多包含有游牧民族的文化，而游牧民族的文化中也多曾受到汉文化的影响，从而在绰号问题上，只能谈宏观、大致和特性，而难以进行一清二楚的区分。例如，大家熟知的绰号，如甄宇“瘦羊博士”、李陵容“昆仑”、杨愔“杨大肚”、杨忠“揜于”（鲜卑语“虎”的音译）、独孤氏皇后“妙善菩萨”、李义府“李猫”、包拯“包青天”等之中就既有外来语、佛教名词，又有游牧民族的语言，还有方言俚语等。

二

“绰号在我国兴起较晚。元康进之《李逵负荆》第一折：‘俺梁山泊上山儿李逵便是。人见我生得黑，起个绰号叫黑旋风。’董解元《西厢记诸宫调》卷二：‘甲卦两副，雄烈超今古。力敌万夫，绰号唤孙飞虎。’在十三世纪绰号才出现于汉文典籍。”[①] 这一说法固然有可商榷之处，即一般说来，13 世纪之前中国人未必没有绰号，如《左传》中有叫黑臀的人，这或许仅仅是名，但也不排除是依据身体特征而起的绰号。赵翼《陔余丛考》卷三十八引据《吕氏春秋·简选》云：“夏桀号移大牺，谓其多力，能推牛倒也，此为诨号之始也。”[②] 只不过在汉文化语境中，绰号大量出现的确是在 13 世纪。

那么，为什么是在 13 世纪汉文典籍中才大量出现绰号了呢？欧洲各民族对绰号的使用“大致也发生在十三世纪左右”[③]。这又是为什么呢？显然，“印度人爱使用绰号，也使用得最早”[④]，从而似乎是

① 张思齐：《〈镜花缘〉比较探源》，《西南民族大学学报》2003 年第 6 期。

② 赵翼：《陔余丛考》，商务印书馆 1957 年版，第 840 页。

③ 张思齐：《〈镜花缘〉比较探源》，《西南民族大学学报》2003 年第 6 期。

④ 同上。

由于13世纪蒙古大军西征，将印度的绰号文化传播于欧亚大陆，因而元杂剧中、《水浒传》中出现了大量的绰号。这一结论容易误导人们以为绰号的勃兴仅仅是印度文化的影响，其实，蒙古人的起名文化与绰号也有着极为密切的关系。蒙古人起名的习俗，简而言之便是以动物命名或依据身体特征命名。而水浒一百单八好汉人人皆有绰号，且其绰号大都与动物或身体特征相关，从而又凸显了蒙古起名文化的影响。

在姓名文化方面，蒙古族与汉民族有着鲜明的差异：汉民族自西周以来有严格的姓氏制度，目的是维护贵族血统的纯正；蒙古族的姓其实是部落的氏，且历来不被重视（也不需要重视），姓名不连用，但是每个人都有一个名，人与人之间都是直呼其名（即使是可汗、可敦也不避讳，可参阅赵翼“元帝后皆不讳名”条①）。“蒙古人很重视婴儿出生的命名，《蒙古黄金史》记载：成吉思汗曾问诸子，最好的宴会是什么？次子察合台说，是新年。可汗说，不对。如果没有出生，也未给你命名，如果没有出母腹，也未看见光明，你能过谁的年？你能给谁命名？今后要记住，在父母创造、母亲生产的日子，恭恭敬敬一起饮宴，这才是最好的饮宴，这才是最好的宴会。”②

起名既然对蒙古人来说这么重要，那么蒙古人究竟是怎样取名的？“蒙古族婴儿取名字，大致分为以下几类：以动物命名，如《蒙古秘史》中的孛儿帖赤那和豁埃玛阑勒（苍色的狼和白色的鹿），及至今之胡和鲁和查干巴日（青龙和白虎）等；以山川湖海、日月星宿等命名，如：达来、阿古拉、萨红、阿迪亚、索米亚宾巴等；以父母或家中长者的意愿命名，如所生为女孩，长辈希望再有一个弟弟，

① 赵翼：《廿二史劄记》，凤凰出版社2008年版，第454页。

② 蔡志纯等：《蒙古族文化》，中国社会科学出版社1993年版，第430—431页。

就叫胡达古拉（带小）、都台（招弟），希望孩子成为英雄就叫巴特尔和芒列等。”[①] 在不同的历史时期，蒙古人起名有着不同历史时期的时代烙印：或者受突厥文化影响，或者受藏族佛教影响，或者受满族文化影响，或者受汉族文化影响等。但是，对整个民族而言，蒙古人起名的民族性主要体现在以下两个方面。

一是以动物名称命名。在古代，蒙古人主要从事狩猎和畜牧，与动物生活在一起，接触动物比较多，常因动物的习性与人的相似，对其产生一种情感（或喜欢或敬畏或爱慕等），久而久之，便以动物的名称来给人命名。蒙古民族对动物别有一种感情，“一些动物被奉为氏族的起源——图腾，如布里亚特部的先民将公牛、貂、天鹅等动物视为神圣图腾”[②]。

男性的蒙古人以勇敢为荣耀，所以常用凶猛的动物来命名，这反映了蒙古族狩猎和畜牧为主的经济文化心理。并且以虎为名者较多，由于彼时虎较多，“古时蒙古地方虎多，森林密。那时人们在野外劳动，常常碰上老虎”[③]。以虎命名的，有巴尔思（虎；有时又音译为巴日斯）、哈剌巴尔思（黑虎）、普剌巴尔思（黄虎）、忽难（三岁虎）、乌兰巴尔思（红虎）、额白巴尔思（雄虎）、巴尔台（幼虎）、茂巴尔思（恶虎）、呼仁巴拉（灰虎）等。其他还有名叫阿思兰（狮子）、脱里（鹰）、那海（狗）、阿尔布古（有花纹的鹿）、玛喇勒（牝鹿）、昂吉尔（黄野鸭）、阔阔不花（青犍牛）、帖木儿不花（铁犍牛）、按难不花（金犍牛）、察罕不花（白犍牛）、哈剌不花（黑犍牛）、昔剌不花（黄犍牛）、摩琳（马）、绰和尔（豹花马）、察罕不

① 刘强、唐玉萍：《北元蒙古风俗文化散论》，《赤峰学院学报》2008 年第 5 期。

② 朋·乌恩：《蒙古族文化研究》，内蒙古教育出版社 2007 年版，第 3 页。

③ 罗布桑却丹：《蒙古风俗鉴》，辽宁民族出版社 1988 年版，第 118 页。

哈（白色的牛）、伊玛噶或亦马罕（山羊羔）、尼齐（牧羊人）等[①]，其中的“不花”即汉语的犍牛。“巴日斯（虎）、阿斯楞（狮）、赤那（狼）、布尔固德（鹫）、伊日必斯（豹）、西日舒布（雕）、那海（狗）……等名字是受到萨满信仰自然崇拜的影响。”[②] 还有叫孛端察儿（公野猪）、伯·升豁儿·多黑申（桀骜不驯的海青）、不里·孛阔（狼力士）、台察儿（小雄马驹）、阔阔出（蓝靛）、阿剌黑·亦惕（花狗）、阿剌·忽失（花花鸟）、古儿别速（蜥蜴）、古亦古捏克（鹞鹰）[③] 等名字。

在元代，盛行以动物名为小名，如驴哥[④]（薛仁贵小名薛驴哥[⑤]）、驴儿[⑥]、百家驴[⑦]、顽驴[⑧]、牛儿等。蒙古族人以动物尤其是汉民族所鄙视的猪、狼、驴、熊或狗等来取名，他们并不以之为耻。如：“元工部尚书，鞑靼人丑驴，洪武二十一年（1388）来归，通译书，朱元璋赐姓名李贤。”[⑨] 由于蒙古人直呼其名，因而“丑驴”显然就是他的名。《明宣宗实录》卷四记载：“（吴）成，山后人，初名买驴。永乐中赐姓名，事太宗皇帝。”蒙古人崇拜熊，将它视作图腾动物，将它称作“祖父”。游牧民族将狗看作朋友。瑶族的族徽是犬，他们是不吃狗肉的。满族也喜欢狗，爱狗。蒙古族亦然，蒙古人

---

① 蔡志纯等：《蒙古族文化》，中国社会科学出版社 1993 年版，第 426—427 页。

② 娜日苏：《蒙古族宗教文化》，《内蒙古师范大学学报》2006 年第 6 期。

③ 朋·乌恩：《蒙古族文化研究》，内蒙古教育出版社 2007 年版，第 256—259 页。

④ 《元典章》，天津古籍出版社、中华书局 2011 年版，第 621 页。

⑤ 张国宾：《薛仁贵荣归故里》，载《元曲选》，上海古籍出版社 2008 年版，第 315 页。

⑥ 《元典章》，天津古籍出版社、中华书局 2011 年版，第 619 页。

⑦ 同上书，第 627 页。

⑧ 陶宗仪：《南村辍耕录》，辽宁教育出版社 1998 年版，第 153 页。

⑨ 刘冠森：《明朝初期中国内地蒙古人的住地和姓名》，《辽宁师范大学学报》1998 年第 1 期。

“对狗也很爱护，狗不嫌主贫而另择富户索食，也称‘义畜’。”①《蒙古秘史》中有“四条猛狗”之谓，指的是为大蒙古帝国立下汗马功劳的四个功臣：者别、忽必来、者勒蔑、速别额台②。他们是成吉思汗属下的四位豪杰，被称作“四狗”，或“四獒”。从而，蒙古人以“狗”命名或起绰号也就司空见惯，并无汉语言文化生态中的詈骂之意。再如阿剌黑·亦惕（花狗）、毛诺海（癞皮狗、恶狗）③、古勒格（狗崽）④ 等。水浒好汉中有绰号为“金毛犬”的段景住。狗在琐罗亚斯德教中被视作善兽，且有异禀，即可通神。游牧民族在动物伦理世界中共享同一价值认同。

蒙古入主中原后，权势阶层常以赐名来示恩宠，不少汉人也以取蒙古名为显荣，主动起一个蒙古族的名字。无论是赐名还是自己取名，它们都带上了蒙古族取名的特色，如赵翼《廿二史劄记》云：“元时汉人多有作蒙古名者。如贾塔尔珲，本冀州人；张巴图，本平昌人；刘哈剌不哈，本江西人；杨朵而济及迈里古思皆宁夏人；崔彧弘州人，而小字拜帖木儿；贾塔尔珲之孙又名六十一，高寅子名塔失不花，皆习蒙古俗也。”⑤ 他们本是汉人，但是学说蒙古语、起个蒙古名等，从而例证了强势文化的同化效果。

蒙古贵族赐给属下的名中不乏动物名。平阳太原两路万户郑鼎之子郑制宜“小字纳怀（义为狗）”。董文炳儿子董士元选充“供奉内班”而有蒙古名“不花”，翻译为汉语是“牤牛”。监察御史姚天福

① 罗布桑却丹：《蒙古风俗鉴》，辽宁民族出版社 1988 年版，第 56 页。

② 失吉忽秃忽：《蒙古秘史》，余大钧译注，河北人民出版社 2001 年版，第 148—149 页。

③ 苏依拉：《人名：民间文化的多棱镜——从蒙古人名的变迁看中国文化中的民族关系》，《兰州大学学报》2001 年第 2 期。

④ 朋·乌恩：《蒙古族文化研究》，内蒙古教育出版社 2007 年版，第 58 页。

⑤ 赵翼：《廿二史劄记》，凤凰出版社 2008 年版，第 471 页。

纠弹不畏强悍，元世祖忽必烈赐名“巴儿思”，即“虎”。

藏传佛教传入蒙古草原之后，蒙古人的起名便深受佛教的影响，如起名为麦达里（弥勒佛）、萨木担（高度入静）、格日丹等。但是，以动物取名仍然是很普遍的，如胡何（杜鹃）、巴布盖（熊）、毛淖海（坏狗）、呼拉格（绵羊羔）、伊希格（山羊羔）、斡勒格勤（母狗）、陶格斯（孔雀）、塔格塔（鸽子）、娜琴（游隼）、布日古德（鹰）、不忽或者白忽（鹿）、巴而思（虎）、阿尔思兰（狮子）、脱来或者讨来（兔）、火你（羊）、昂吉儿（鸳鸯）等。

二是依据身体特征取名。蒙古族有依据人的体貌特征取名的习俗，如布勒特格尔（突眼）、武日其格尔（有皱纹的）、蒙力克（有痣的人）、忙该（前额或脑门）等。因而蒙古贵族有时也依据身体特征赐名。契丹人耶律楚材归附蒙古，元太祖铁木真呼之曰“兀图撒罕里”，这是蒙古语，意为“长髯人”，这是依据耶律楚材是大胡子而赐名的。刘思敬鼻子大，被赐名为“哈八儿都”（“大鼻子”之意）。拖雷夫妇见贾昔剌的胡须是黄颜色的，于是赐名“昔剌”，“黄色”之意。王昔剌“初事世祖”，赐名“昔剌拔都”，是“黄面勇士”的意思。刘哈剌八都鲁先以医术拜见忽必烈，“世祖谓其目有火光，异之，遂留侍左右，初赐名哈剌斡脱赤”，意为“黑面医生”。不久，他在作战中忠于元廷，忽必烈赞誉他“虽未得食而不忘其主”，“更其名曰察罕斡脱赤”，意为“白面医生”。蒙古俗崇尚白色，由“黑面”改为“白面”，是一种褒奖。后来，忽必烈任命他为肇州宣慰使，镇守叛王乃颜故地，对他说：“仍别赐汝名曰小龙儿，或曰哈剌八都鲁，汝可自择之。”刘哈剌八都鲁认为“龙，非人臣所敢承”。忽必烈最后说“然则哈剌八都鲁可也”。哈剌八都鲁，意为“黑面勇士”，从而可推知此人皮肤黑。大蒙古国由于征服、收留了一些其他草原民族如鲜卑人、契丹人等，从而有白色种族人，他们肤白发黄。

例如，岷峨山人《译语》记载："北曰兀良哈，甚骁勇，负瀚海而居，虏中呼为黄毛。"[①]《武功录》记载："而故地和林，则黄毛诸达虏居之。"[②] 从而可知所谓蒙古人中亦有白肤黄发者。水浒好汉中黄毛者颇多、肤白者亦不少见[③]。蒙古人给他人起绰号，往往也是依据身体特征。鲁迅曾说过："梁山泊上一百另八条好汉都有诨名，也是这一类，不过着眼多在形体，如'花和尚鲁智深'和'青面兽杨志'，或者才能，如'浪里白跳张顺'和'鼓上蚤时迁'等。"[④]

三

或曰，《宋江三十六人赞并序》和《大宋宣和遗事》成书于南宋，可是其中已经有三十六人的绰号了，这岂不表明水浒好汉的绰号与汉文化相关？

无名氏《大宋宣和遗事》中宋江之外三十六人绰号为："智多星吴加亮，玉麒麟卢（黄本作李）进义，青面兽杨志，混江龙李海，九纹龙史进，入云龙公孙胜，浪里百跳（黄本作白条）张顺，霹雳火秦明，活阎罗阮小七，立地太岁阮小五，短命二郎阮进，大刀关必胜，豹子头林冲，黑旋风李逵，小旋风柴进，金枪手徐宁，扑天雕李应，赤发鬼刘唐，一撞直董平，插翅虎雷横，关髯公朱仝，神行太保戴宗，赛关索王雄，病尉迟孙立，小李广花荣，没羽箭张青，没遮拦穆横，浪子燕青，花和尚鲁智深，行者武松，铁鞭呼延绰，急先锋索

① 《明代蒙古汉籍史料汇编》第1辑，内蒙古大学出版社2006年版，第225页。

② 《明代蒙古汉籍史料汇编》第4辑，内蒙古大学出版社2006年版，第36页。

③ 张同胜：《水浒人物身体叙事的文化阐释》，《现代语文》2011年第9期。

④ 鲁迅：《五论文人相轻——明术》，《鲁迅全集》第6卷，人民文学出版社2005年版，第395页。

超，拼命二（黄本作三）郎石秀，火船工张岑，摸着云杜迁，铁天王晁盖。”[①]

胡士莹《话本小说概论》认为《大宋宣和遗事》为“宋人旧编”，但是“刊于元代，复有增益”；从内容上来看，《大宋宣和遗事》固然是“杂抄野史笔记和旧话本而成”[②]，但并不能说明它成于宋人之手。这其实不足为怪，古人历来有此以编代撰、以述为作的集撰传统。鲁迅认为书中“口吻有大类宋人者，则以抄撮旧籍而然，非著者之本语也”[③]，诚为卓见。

明人胡应麟《少室山房笔丛》云：“世所传《宣和遗事》极鄙俗，然亦是胜国时闾阎俗说。中有‘南儒’及‘省元’等字面。”[④]从中可知，胡应麟认为《大宋宣和遗事》成书于元代。胡士莹对《大宋宣和遗事》在元代复有增益提出了四点证据[⑤]，其中最有力的一条是它叙述陈抟预言宋王朝“卜都之地一汴二杭三闽四广”只能是元代人写出来的。如此一来，其中的绰号自然深受元代文化的影响，这自不待言。退一步说，即使是《大宋宣和遗事》成书于南宋末年，但是由于元代“复有增益”，这就有绰号是在元代增补的可能。遑论由于女真金早就被蒙古亡国，因此北方游牧文化包括契丹辽、女真金和蒙古等都会与宋王朝汉文化发生接触、渗透和吸收，从而游牧民族的姓名文化包括绰号也就影响到汉语言文化。如前所述，宋代流行给人起外号，或许与游牧民族的文化接触不无关系。

南宋龚开所作《宋江三十六人赞并序》，为宋末元初人周密的史

---

① 无名氏：《新刊大宋宣和遗事》，中国古典文学出版社1954年版，第48—49页。

② 胡士莹：《话本小说概论》，中华书局1980年版，第718页。

③ 鲁迅：《中国小说史略》，《鲁迅全集》第9卷，人民文学出版社1981年版，第122页。

④ 胡应麟：《少室山房笔丛》，上海书店2001年版，第437页。

⑤ 胡士莹：《话本小说概论》，中华书局1980年版，第714—719页。

料笔记《癸辛杂识》所收录。其间保存了“宋江三十六人”的绰号：“呼保义宋江，智多星吴学究，玉麒麟卢俊义，大刀关胜，活阎罗阮小七，尺八腿刘唐，没羽箭张清，浪子燕青，病尉迟孙立，浪里白条张顺，船儿火张横，短命二郎阮小二，花和尚鲁智深，行者武松，铁鞭呼延绰，混江龙李俊，九文龙史进，小李广花荣，霹雳火秦明，黑旋风李逵，小旋风柴进，插翅虎雷横，神行太保戴宗，先锋索超，立地太岁阮小五，青面兽杨志，赛关索杨雄，一直撞董平，两头蛇解珍，美髯公朱仝，没遮拦穆横，拚命三郎石秀，双尾蝎解宝，铁天王晁盖，金枪班徐宁，扑天雕李应。”①

《宋江三十六人赞并序》与《大宋宣和遗事》在成书时间上孰先孰后？目前，学术界尚无定论。但邓德佑认为《宋江三十六人赞》在后，理由是与《大宋宣和遗事》相比，在人物姓名和绰号上“《赞》比《遗事》更多地相合于《水浒》”②。《大宋宣和遗事》成书和刊行于元代，而《宋江三十六人赞并序》既然成之于其后，那么就应该是作于元代。既然如此，其中的水浒人物绰号的文化底蕴也就不言而喻了。

四

论者往往将《水浒传》所反映的时代性文化归之于宋代，如日本汉学家宫崎市定，虽然不可否认小说存在着关于宋朝的描写，当然，也不能无视这部小说中亦有明代物象的描述，但是，综而观之，这部小说所反映的主要还是元代的文化和习俗。

---

① 周密：《癸辛杂识》，中华书局1988年版，第145—151页。

② 邓德佑：《谈〈宣和遗事〉与〈宋江三十六人赞〉的时代先后问题》，《明清小说研究》1986年第1期。

由以上蒙古族取名的特点可知，水浒人物的绰号与之有着惊人的一致性。上述水浒人物的绰号也能反映出元代蒙古族取名的特点。其实，《水浒传》所表征的蒙古特色尚不止此，他如蒙古族“古时，以当英雄为主进行家庭教育，对儿童多进行某某勇力过人、有惊人的勇敢精神、做了什么大事，当父母的每天对孩子都要进行这样的教育，孩子也就希望当英雄，并学着当英雄，找那些需要勇力的事做”①。这部小说乃是一部民族文化和精神互相融合的结晶，但是其内里所流淌着的血液却是蒙古族的文化。然而，元代毕竟是一个具有世界性的民族融合的大时代，从而在那个时代形成的艺术如小说《水浒传》自然就体现了民族文化互相影响的时代性。

① 罗布桑却丹：《蒙古风俗鉴》，辽宁民族出版社 1988 年版，第 48 页。

作为叙事的脂批

胡适对《红楼梦》甲戌本、庚辰本考证后曾经指出："凡最初的钞本《红楼梦》必定都称为'脂砚斋重评《石头记》'。"①《红楼梦》最初的版本都是钞本，而所有最初的钞本都是经过脂砚斋点评过的。这一现象本身在小说的创作史上难道不是一种独特的存在吗？

《脂砚斋重评石头记》中的"脂砚斋"是谁？学界一般认为是小说作者的"亲友"或"亲友们"，因为若非关系极为亲密，脂砚斋何以得知小说作者尚未创作的构思？最初的钞本上都有脂评，说明每一个钞本，都是作者一边在写，同时脂砚斋在批吗？从而《石头记》是一个有撰有批的创作班子的结晶吗？小说开篇就写道，曹雪芹"批阅十载，增删五次"，脂砚斋也耗时十年批阅吗？

《红楼梦》的叙事，作者有意识地进行"真事隐"；脂评也指出这一点，如"此书若干人说话语气及动用器物、饮食之类，皆东西南北互相兼用"。显而易见，脂批对《石头记》的创作意图了然于心。从而脂批的作者究竟是一个人还是一群人？脂砚斋与曹雪芹是一人还是两个人？抑或《石头记》的作者另有其人？

① 胡适：《胡适全集》第 4 卷，安徽教育出版社 2003 年版，第 426 页。

本文中的脂批，指的是《石头记》甲戌本、庚辰本、己卯本等抄本上原有的脂砚斋、芹溪、畸笏叟、松斋、杏斋、梅溪、棠村、鉴堂等评语，即与《脂砚斋重评石头记》同时问世的批评者的评点。

《红楼梦》中的脂评，与之前《水浒传》的李贽评点、金圣叹评点，《三国演义》的毛纶、毛宗岗评点以及《金瓶梅》的张竹坡评点等都不同。不同之处在于脂评直接参与了《石头记》的创作，是《石头记》文本的不可分割的一部分，它与小说正文构成了“风月宝鉴”的正、反两面：正面是“真事隐”，反面是“真事现”；《石头记》的正文是“柳藏鹦鹉”，脂批是“语方知”叙事。

一　作为叙事者的脂评

《红楼梦》这部小说有多个书名，如正文自我叙述的《石头记》《情僧录》《金陵十二钗》《风月宝鉴》等，还有书坊擅改的《金玉缘》《大观琐录》。“风月宝鉴”之宝鉴即珍贵的镜子，它有两面：正面和反面。《石头记》第十二回，叙述了贾瑞不遵跛足道士之嘱，照看风月宝鉴的正面，结果以假为真，遗精而亡。“千万勿作正面看为幸。畸笏老人。”脂批谆谆教导，用心良苦。大致说来，脂批乃《风月宝鉴》之反面，所见为真。

小说作者曹雪芹自己也说，《石头记》将“真事隐去”，是隐性叙事，是“假语村言”；从而小说正文所叙述的，乃是反记录史实、反模仿现实的“非自然叙事”（布莱恩·理查森语）。然而，脂评却与之唱双簧，创作了另一种文本，即揭蔽尘封、实录经历、展现事实，揭露了清府邸世家贵族家庭败落史，是显性叙事。因此，脂评就成为《石头记》文本的另一个叙事者。

《石头记》的作者是曹雪芹吗？如果相信《石头记》楔子里的行

文，那么曹雪芹仅仅是编纂者，而非创作者。后有学人依据《石头记》多谐音叙事，甚至将“曹雪芹”解读为“抄写勤”。依据《石头记》一贯的文字游戏风格，此一谐音关联不谓无由。如果这一解读确实有道理，那么曹雪芹则仅仅是一位誊写者。如此一来，《石头记》的作者是谁呢？石头、情僧、空空道人、吴玉峰（是不是“无语锋”之谐音？已有学人以为是“吾欲疯”的谐音）、孔梅溪（是不是“恐没戏”之谐音？）等恐怕都是小说作者的笔名罢了。

红学家所谓《红楼梦》作者为“曹霑，字梦阮，号芹溪居士，别号雪芹”[①] 云云，尚缺少必要而充分的证据，学术性不足，难以令人信服。作者名“霑”，字“梦阮”，名与字之间有什么内在的逻辑关系？号“芹溪居士”，与别号“雪芹”是何关系？古人取名，是很讲究的，姓、名、字、号文化自成体系，其间存在着内在的逻辑关系，并非胡乱命名，此其一；第二，曹府是簪缨世家，府邸贵族，文化精英，当然在取名上更有文化底蕴，绝非起“字”为“梦阮”云云。“梦阮”更像一个隐士的“号”。

或曰，脂评并非脂砚斋一人所写。也有读者从小说文本中的脂砚斋、畸笏叟、松斋、梅溪等诸多签名认可这一说法。关于小说作者与脂砚斋的关系，清人裕瑞《枣窗闲笔》曾有过“曾见抄本，卷额本本有其叔脂砚斋之批语”的说法。这一说法或许仅仅是裕瑞的个人意见或道听途说（有一“闻”字为证）而已。孙逊在《红楼梦脂评初探》中认为，曹雪芹与脂砚斋的关系是兄弟。[②] 然而，笔者认为，在叙事功能上，脂砚斋与小说作者具有同一的功效，如此一来，实在是很容易令人怀疑他们即为同一人；脂评中的多个批评者的名号或许都

---

① 俞平伯：《〈红楼梦八十回校本〉序言》，曹雪芹著，俞平伯评《红楼梦：俞平伯评点》，陕西师范大学出版社 2010 年版，第 1 页。

② 孙逊：《红楼梦脂评初探》，上海古籍出版社 1981 年版，第 63—68 页。

是评点者一人的笔名？也就是说，作与评都是《石头记》创作的笔墨，这是一种新的叙事手法，一则“隐”，一则“见”？如果这个假设是真的，那么《石头记》的作者、批者实为一体，从而将“以往的写法都打破了”（鲁迅语），形成了一种创作与批评合一的叙事文本。或许有专家会对此假设进行批评，然而这种批评在“作者死了”的语境下意义不大，文本内部的证据就更为重要。

李卓吾、金圣叹、张竹坡、毛宗岗等评点者是在《水浒传》《金瓶梅》《三国演义》等小说文本成书之后进行批评，因而他们在成书的过程中并没有参与小说的实际创作。《石头记》则与之不同，脂评在小说的创作过程中直接参与了《石头记》的创作。

在《石头记》第十三回，脂评写道：“老朽因（秦可卿）有魂托凤姐贾家后事二件，岂是安富尊荣坐享人能想得到者？其事虽未漏，其言其意，令人悲切感服，姑赦之，因命芹溪删去‘遗簪’‘更衣’诸文，是以此回只十页，删去天香楼一节，少去四五页也。”[①] 可见，脂评具有创作指令的功效，《石头记》作者（雪芹还是芹溪?）遵命或遵从自己另一个心声对第十三回秦可卿与贾珍即儿媳和公公的淫乱叙事进行了改写和删减。特别值得注意的是，这里的作者，据畸笏叟，为“芹溪”，而不是“雪芹”；而“芹溪”众所周知实为脂批的评点者。这至少表明脂批参与了《石头记》的叙事书写。

二　脂评的元叙事

何谓“元叙事”（Meta-narrative）？“元叙事”是对“叙事的自我

① 曹雪芹著，俞平伯评：《红楼梦：俞平伯评点》，陕西师范大学出版社2010年版，第153—154页。

审视”[①]。元叙事是关于叙事的叙事，是叙事的反思和“二度叙事”[②]。元叙事“要么是谈论其他叙事的叙事，即嵌入叙事；要么指涉叙事本身及其叙事程序的叙事”[③]。在《石头记》里，无论是正文，还是脂批，都有许多元叙事。

《脂砚斋重评石头记》开篇伊始至“后因曹雪芹于悼红轩中批阅十载，增删五次，纂成目录，分出章回，则题曰《金陵十二钗》”。“甲戌眉批：若云雪芹披阅增删，然则开卷至此，这一篇楔子又系谁撰？足见作者之笔狡猾之甚。后文如此者不少。这正是作者用画家烟云模糊处，观者万不可被作者瞒弊（蔽）了去，方是巨眼。”[④] 其实，这就表明，《石头记》正文中的批语系脂评作者的创作，而这篇楔子也是脂评作者所为，它是关于《石头记》创作的叙述，因而是元叙事。这一段话，实质上是小说作者的欲盖弥彰、故作玄虚，“真事隐”去，实不甘心，故偶尔故意露出马尾，提醒阅者作者的苦心。在脂评中，此类元叙事触目多见，可谓比比皆是。小说的作者，其创作意图正是建构“绛树两歌”的叙事事实，从而脂批的元叙事即小说文本叙事之一种。

脂评中关于《石头记》小说“写法”的点明，也是元叙事。如：“未写荣府正人，先写外戚，是由远及近，由小至大也。若使先叙出荣府，然后一一叙及外戚，又一一至朋友、至奴仆，其死板拮据之笔，岂作十二钗人手中之物也。今先写外戚者，正是写荣国一府也。

---

① ［英］马克·柯里：《后现代叙事理论》，宁一中译，北京大学出版社2003年版，第60页。

② ［法］热拉尔·热奈特：《转喻》，吴康茹译，漓江出版社2013年版，第10页。

③ Jeremy Hawthorn, *A Glossary of Contemporary Literary Theory*, New York: Oxford University Press, 2000, p. 208.

④ 曹雪芹著，俞平伯评：《红楼梦：俞平伯评点》，陕西师范大学出版社2010年版，第5页。

故又怕闲文赘瘰，开笔即写贾夫人已死，是特使黛玉入荣府之速也。”① 此类点破，举不胜举，从而脂批建构了一种写法之读法的文本，昭显或写明了作者的叙事策略或逻辑，从而构成了其他小说所少见的元叙事。脂批带有元叙事特征的写法指导，与李卓吾、金圣叹、毛宗岗等“读法”的指导不同，正在于脂批是另一种面目的叙事。

《石头记》正文里也不乏元叙事。例如，第十七、十八回，小说写道：“本欲做一篇《灯月赋》《省亲颂》，以志今日之事，但又恐入了别书的俗套。按此时之景，即作一赋一赞，也不能形容得尽其妙；即不作赋赞，其豪华富丽，观者诸公亦可想而知矣。所以倒是省了这工夫纸墨，且说正经的为是。［庚辰双行夹批：自“此时”以下皆石头之语，真是千奇百怪之文。］”② 这里的正文本来就具有元叙事的色彩，而脂评更是直截了当地予以点明，后半句乃石兄之语。如此叙事之处，在《石头记》里不在少数，从而也表明了正文与批语本来的界限就有点模糊，而《石头记》由于是作者创作、批者批改同时进行（退一步说，即使他们二者不是一人），故整部小说文本中掺杂着元叙事之话语。

三　作为副文本的脂评

何谓副文本？叙事学家热奈特指出，每一部文学作品都是由正文本和正文本周围的企图，如作者姓名、标题、前言、插图等诸要素组成，这些要素被称为副文本（paratext）。③ 具体地说，副文本包括出

① 曹雪芹著，俞平伯评：《红楼梦：俞平伯评点》，陕西师范大学出版社 2010 年版，第 17 页。

② 同上书，第 211 页。

③ Gerard Gennette, *Paratexts: Thresholds of Interpretation*, trans. Jane E. Lewin, Cambridge: Cambridge University Press, 1997, pp. 1, 197, 344, 410.

版商的内文本、封面、封底、作者的名字、译者姓名、致谢、题字、版式、注释、凡例、序言、跋、目录、信件、口头表达、日记、采访录、版讯、回忆录等。其实，将 paratext 翻译为副文本似乎不确切，因为 para 来自希腊语 παρα，意谓 side by side 或 beside，即并列、并排、旁边，从而 paratext 的意思是不是译为“并行文本”更合适？为便于交流，本文姑且使用已有的译法“副文本”。

具体到古代中国小说，“诸如凡例、评点、笺注、牌记等具有民族特色的副文本，亦可以纳入副文本范畴中”[①]。德里达认为，文本之外无一物，一切皆文本。洛特曼在《艺术文本的结构》中认为：“在某种程度上，文本就是整体的符号，一般语言文本中的所有单个的符号都是位于文本层次之下的构成要素。”[②] 一切符号化、文本化后进行再解读。小说的评点属于小说的后生命，自然也属于大文本视域中的文本构成。在这个意义上，陈才训认为评点者属于“第二作者”；原因在于，“许多明清小说评点者有着强烈的再创作意识，融评、改于一体的批评使他们在事实上成为小说的‘第二作者’，按照自己的审美理想和价值观念来重塑小说文本，从而与小说家一起左右小说文本形态的生成与演变”[③]。诚然，具体到《三国演义》《水浒传》《金瓶梅》等小说，这种认知是完全正确的。但是，具体到《红楼梦》则有所异同，因为脂评的作者不是小说后生命中的创作者，而是与作者同时进行创作的创作者，因此脂评作为作者，它的独特性在于它是“第一作者”。

---

① 蒋旅佳：《副文本与明清地域总集文学观念研究刍论》，《海南大学学报》2019 年第 3 期。

② Ю. М. Лотман, Структура художественного текста, стр. 34, СПб., 1998.

③ 陈才训：《论评点者对明清小说文本形态的影响》，《南京师大学报》2016 年第 5 期。

凡例属于副文本，而《红楼梦》的凡例，仅仅见之于甲戌本卷首，退二格抄写。为说明清楚起见，兹将五条凡例引述如下：

1.《红楼梦》旨义。是书题名极多，《红楼梦》是总其全部之名也。又曰《风月宝鉴》，是戒妄动风月之情。又曰《石头记》，是自譬石头所记之事也。此三名皆书中曾已点睛矣。如宝玉作梦，梦中有曲，名曰《红楼梦十二支》，此则《红楼梦》之点睛。又如贾瑞病，跛道人持一镜来，上面即錾“风月宝鉴”四字，此则《风月宝鉴》之点睛。又如道人亲眼见石上大书一篇故事，则系石头所记之往来，此则《石头记》之点睛处。然此书又名曰《金陵十二钗》，审其名，则必系金陵十二女子也。然通部细搜检去，上中下女子岂止十二人哉？若云其中自有十二个，则又未尝指明白系某某，及至“红楼梦”一回中，亦曾翻出金陵十二钗之簿籍，又有十二支曲可考。

2.书中凡写长安，在文人笔墨之间，则从古之称，凡愚夫妇儿女子家常口角，则曰“中京”，是不欲着迹于方向也。盖天子之邦，亦当以中为尊，特避其“东南西北”四字样也。

3.此书只是着意于闺中，故叙闺中之事切，略涉于外事者则简，不得谓其不均也。

4.此书不敢干涉朝廷，凡有不得不用朝政者，只略用一笔带出，盖实不敢以写儿女之笔墨唐突朝廷之上也，又不得谓其不备。

5.此书开卷第一回也，作者自云：“因曾历过一番梦幻之后，故将真事隐去，而撰此《石头记》一书也。故曰‘甄士隐梦幻识通灵’。”但书中所记何事？又因何而撰是书哉？自云：“今风尘碌碌，一事无成，忽念及当日所有之女子，一一细推了去，觉其行止见识，皆出于我之上。何堂堂之须眉，诚不若彼一干裙钗？实愧则有余、悔则无益之大无可奈何之日也。当此时，则自欲将已往所赖——上赖天恩，下承祖德，锦衣纨绔之时，饫甘餍美之日，背父母教育之恩，负师兄规训之德，以致今日一事无成、半生潦倒之罪，编述一记，以告普天下人。虽我之罪固不能免，然闺阁中本自历历有人，万不可因我不肖，则一并使其泯灭也。虽今日之茅椽蓬牖，瓦灶绳床，其风晨月夕，阶柳庭花，亦未有伤于我之襟怀笔墨者。何为不用假语村言，敷演出一段故事来，以悦人之耳目哉？故曰'［贾雨村］风尘怀闺秀'。"乃是第一回题纲正义也。开卷即云"风尘怀闺秀"，则知作者本意原为记述当日闺友闺情，并非怨世骂时之书矣。虽一时有涉于世态，然亦不得不叙者，但非其本旨耳。阅者切记之。

诗曰：

浮生着甚苦奔忙，盛席华筵终散场。
悲喜千般同幻渺，古今一梦尽荒唐。
谩言红袖啼痕重，更有情痴抱恨长。
字字看来皆是血，十年辛苦不寻常。

其他《石头记》抄本均无凡例，并且都是截取第五条"此开卷第一回也"并入下文"列位看官"作为第一回。这一截取，甚有道理，因为第五条凡例委实是正文的内容，白纸黑字，写得清清楚楚"第一回也"。那么，为什么会出现凡例与正文不分或混淆的现象呢？原因是不是就在于作者与批者本为一人？从而第五条凡例就很难说是"副文本"了，那分明就是正文本。

诚如周汝昌所言，脂评是《红楼梦》的“有机组成部分”①。从副文本对《石头记》的脂评进行透视，当然别有会心。然而，在笔者看来，这还远远不够，距离事实的真相还有五百米，因为脂评不仅仅是副文本，而且是正文本。它不是存有时间间距的后来者的批评，而是与《石头记》正文同时进行创作的叙事，因此对作为副文本的脂评的叙事功能进行反思，就揭蔽了脂评实际上的本体存在价值。

四 作为“写法”指南的脂评

脂评与《水浒传》《三国演义》《金瓶梅》等其他长篇通俗小说的文学批评存在着差异，可以简略地归纳为：《石头记》的脂评具有“写法”之导读功能，而诸如李卓吾、毛宗岗、金圣叹、张竹坡等人的评点则与之不同，具有“读法”之导读功能。前者侧重的是如何创作，后者强调的是如何阅读，从而似乎亦可推知脂评作者本身就是创作者。

《石头记》一开篇也是这么写的，它说：“今而后惟愿造化主再出一芹一脂，是书何本（幸），余二人亦大快遂心于九泉矣！”② 若“一芹一脂”实为两人——此处的“一脂”也承认《石头记》是合著，那么，还有一些重要的问题不容忽视，那就是：梅溪、杏斋、松斋、立松轩、畸笏叟等评点者哪里去了？为什么这里只提到一个评点者？令人疑惑的是此时的雪芹已经去世，《石头记》已经成书，为何只有一个“脂砚斋”？

假设“一芹一脂”为一人，则此处的“一芹”不过是作为著者

---

① 周汝昌：《红楼梦真貌》，华艺出版社 1998 年版，第 202 页。

② 曹雪芹著，俞平伯评：《红楼梦：俞平伯评点》，陕西师范大学出版社 2010 年版，第 5 页。

“为泪尽而逝”的分身罢了，而作者作为批者将完成以后的批语，其身份为“脂”即脂砚斋。笔者更倾向于认为无论是“芹”还是“脂”，其实他们都是《石头记》作者的笔名，因为《石头记》的作者惯于用“隐笔”叙述“真事隐”，同时又希望读者能够体味到作者的苦心，即《石头记》“事则实事”，然而叙述得“有隐有见”①。所谓“见”者叙事，即脂评也。

随机抽阅脂批，可发现其行文多为叙事之“写法”：“只一语便写出宝、代（黛）二人，又写出探卿知己知彼，伏下后文多少地步。”“故后又写出许多意外之文。”“一字不可更改，一字不可增减。”以及“形容毕肖”“笔笔带写”“补出……”“补……”“新奇稀见之法式”“是纱帽头口气”“惯用此等章法”，等等。从中可见，脂批的文学批评的角度是“写了什么”以及“如何写”之“写法”，不是金圣叹、李卓吾、张竹坡等人“如何读”之“读法”。简言之，“脂评的贡献在于总结《红楼梦》的创作经验”②。

若论创作经验的漫谈，最有切实指导意义的当属脂评。它是创作写法的集大成，是个人写作经验的推心置腹的表白，是富有创新性的叙事技法之集锦。笔者坚信，学习写作者从脂评所获得的创作经验，要比从很多写作指南书上所斩获的为多。《石头记》正文中亦有写法指南，如林黛玉指导香菱作诗，是何其得法。

当然，写法指南也是读法指南，即知道小说作者是如何创作的，从而也就谙熟对《石头记》作如何解读。如小说第二十二回，叙述了贾府为薛宝钗筹办生辰宴事宜。脂批云：“将薛、林作甄玉、

① 曹雪芹著，俞平伯评：《红楼梦：俞平伯评点》，陕西师范大学出版社2010年版，第4页。

② 陈洪：《〈红楼梦〉脂评中的“囫囵语”说的理论意义》，《天津社会科学》1984年第2期。

贾玉看书，则不失执笔人本旨矣。丁亥夏，畸笏叟。”[①] 如果联系到林黛玉、薛宝钗之判词，对她们两个人的命运预述作了一首判词，就会明白红学家所谓的“钗黛合一”“分身写法”等叙事法绝非没有一点依据的。脂批就曾多次指出人物的分合写法。第四十二回，脂批云：“（宝）钗、（黛）玉名虽二个，人却一身，此幻笔也。今书至三十八回时，已过三分之一有馀，故写是回，使二人合而为一。请看黛玉逝世后宝钗之文字，便知余言不谬。”[②] 第二十八回，庚辰眉批：“写得不犯冷香丸方子。前‘玉生香’回中，颦云‘他有金，你有玉；他有冷香，你岂不该有暖香？’是宝玉无药可配矣。今颦儿之剂若许材料皆系滋补热性之药，兼有许多奇物，而尚未拟名，何不竟以‘暖香’名之？以代补宝玉之不足，岂不三人一体矣。己卯冬夜。”[③] 第二十二回脂批又云：“一段题纲写得如见如闻，且不失前篇惧内之旨。最奇者，黛玉乃贾母溺爱之人也，不闻为作生辰，却云特意与宝钗，实非人想得着之文也。此书通部皆用此法，瞒过多少见者，余故云不写而写是也。”[④] 如果读者忽视了脂批点出的“不写而写”之叙事，就会胶柱而调瑟，不得要领。

五　作为显性叙事的脂评

由于种种原因，《石头记》的作者有意识地将“真事隐”去，以

① 曹雪芹著，俞平伯评：《红楼梦：俞平伯评点》，陕西师范大学出版社2010年版，第259页。

② 同上书，第494页。

③ 同上书，第337页。

④ 同上书，第259—260页。

儿女大旨谈情来书写清朝贵族府邸世家之衰亡史。如贾、史、王、薛四大家族一荣俱荣、一损俱损；以贾元春省亲来写康熙皇帝南巡[①]。赵嬷嬷谈南巡，说到贾府“只预备接驾一次”，脂评指出“又要瞒人”。实则，甄家曾接驾过四次。历史上的曹寅、李煦曾以江宁织造署为行宫接驾过康熙四次。从而可知，脂批的实在体现了《石头记》与其他大多数小说的独异处：它还故意透露、暴露或揭露文本叙事背后的故事，这一写法便是显性叙事。

戚蓼生序言说得好：“吾闻绛树两歌，一声在喉，一声在鼻；黄华二牍，左腕能楷，右腕能草。神乎技也，吾未之见也。今则两歌而不分乎喉鼻，二牍而无区乎左右，一声也而两歌，一手也而二牍，此万万不能有之事，不可得之奇，而竟得之《石头记》一书。”[②] 绛树两歌，黄华二牍，双管齐下，“注彼而写此”，笔分隐、现，这正是《石头记》正面、反面的叙事，也就是正文与脂批的叙事。

《石头记》第二回写道：“当日宁国公［甲戌侧批：演。］与荣国公［甲戌侧批：源。］是一母同胞弟兄两个。宁公居长，生了四个儿子。［甲戌侧批：贾蔷、贾菌之祖，不言可知矣。］宁公死后，贾代化袭了官，［甲戌侧批：第二代。］也养了两个儿子。长名贾敷，至八九岁上便死了，只剩了次子贾敬袭了官，［甲戌侧批：第三代。］如今一味好道，只爱烧丹炼汞，［甲戌侧批：亦是大族末世常有之事。叹叹！］余者一概不在心上。幸而早年留下一子，名唤贾珍，［甲戌侧批：第四代。］因他父亲一心想作神仙，把官倒让他袭了。他父亲又不肯回原籍来，只在都中城外和道士们胡羼。这位珍爷倒生了一个儿子，今年才十六岁，名叫贾蓉。［甲戌侧批：至蓉五代。］如今敬

① 曹雪芹著，俞平伯评：《红楼梦：俞平伯评点》，陕西师范大学出版社2010年版，第181页。

② 同上书，第1页。

老爹一概不管。这珍爷那里肯读书，只一味高乐不了，把宁国府竟翻了过来，也没有人敢来管他。[甲戌侧批：伏后文。] 再说荣府你听，方才所说异事，就出在这里。自荣公死后，长子贾代善袭了官，[甲戌侧批：第二代。] 娶的也是金陵世勋史侯家的小姐 [甲戌侧批：因湘云，故及之。] 为妻，生了两个儿子：长子贾赦，次子贾政。[甲戌侧批：第三代。] 如今代善早已去世，太夫人 [甲戌侧批：记真，湘云祖姑史氏太君也。] 尚在。长子贾赦袭着官。[甲戌侧批：伏下贾琏凤姐当家之文。] 次子贾政，自幼酷喜读书，祖父最疼。原欲以科甲出身的，不料代善临终时遗本一上，皇上因恤先臣，即时令长子袭官外，问还有几子，立刻引见，遂额外赐了这政老爹一个主事之衔，[甲戌侧批：嫡真实事，非妄拟也。] 令其入部习学，如今现已升了员外郎了。[甲戌侧批：总是称功颂德。] 这政老爹的夫人王氏，[甲戌侧批：记清。] 头胎生的公子，名唤贾珠，十四岁进学，不到二十岁就娶了妻生了子，[甲戌侧批：此即贾兰也。至兰第五代。] 一病死了。[甲戌侧批：略可望者即死，叹叹！] 第二胎生了一位小姐，生在大年初一，这就奇了，不想后来又生一位公子，[甲戌眉批：一部书中第一人却如此淡淡带出，故不见后来玉兄文字繁难。] 说来更奇，一落胎胞，嘴里便衔下一块五彩晶莹的玉来，上面还有许多字迹，[甲戌侧批：青埂顽石已得下落。] 就取名叫作宝玉。你道是新奇异事不是？[甲戌侧批：正是宁、荣二处支谱。]”①

以上引文中的脂评，就是典型的显性叙事。也就是说，如果脂评没有详细标注，读者如何能够知道宁国府、荣国府的谱系？例如，如何能够知道宁国公就是贾演？或曰，贾演也不是曹府的始祖。可这岂

① 曹雪芹著，俞平伯评：《红楼梦：俞平伯评点》，陕西师范大学出版社 2010 年版，第 22—23 页。

不证明了脂评也是小说文本的不可分的一部分，即它是小说叙事的有机构成吗？

《石头记》中的《好了歌》、判词、酒令、诗词、谜底等都具有人物命运的预述功能。然而，它们的预述若非被脂批一一指出来，读者是不会也无法读出来的，这就表明脂批有预述效能，也就是说，脂批参与了小说《石头记》文本的叙事。例如，在《好了歌》中，其中的“‘昨怜破袄寒，今嫌紫蟒长。’［甲戌侧批：贾兰、贾菌一干人。］”[①] 脂批表明了贾府的后事就是力证，《脂砚斋重评石头记》仅仅八十回，脂批如果不点出贾兰、贾菌的结局，读者何从得知？

脂评还具有影子叙事的功能。在《石头记》第二回中，小说写道：（贾雨村）“想着走入，只有一个龙钟老僧在那里煮粥。［甲戌侧批：是雨村火气。］雨村见了，便不在意。［甲戌侧批：火气。］及至问他两句话，那老僧既聋且昏，［甲戌侧批：是翻过来的。］齿落舌钝，［甲戌侧批：是翻过来的。］所答非所问。雨村不耐烦，便仍出来，［甲戌眉批：毕竟雨村还是俗眼，只能识得阿凤、宝玉、黛玉等未觉之先，却不识得既证之后。］［甲戌眉批：未出宁、荣繁华盛处，却先写一荒凉小境；未写通部入世迷人，却先写一出世醒人。回风舞雪，倒峡逆波，别小说中所无之法。］”[②] 贾宝玉最后的结局，按照小说作者的设计，似乎就是出家做了和尚。期间，可能还成了乞丐要过饭。因此，智通寺里的老和尚就是贾宝玉老年的境况。然而，贾雨村却不认识。因此，脂评写道他“不识得既证之后”。《石头记》里的影子叙事也是这部小说的独创，在《石头记》小说文本中颇多，如晴雯之于林黛玉、袭人之于薛宝钗、贾芸和林小红之于贾宝玉和林黛

---

① 曹雪芹著，俞平伯评：《红楼梦：俞平伯评点》，陕西师范大学出版社 2010 年版，第 15 页。

② 同上书，第 21 页。

玉、十二女伶之于金陵十二钗，等等。而假若不是脂评点出，小说中的影子叙事就会深藏不露，读者无从得知。

在现存的三千多条脂批中，“含有‘不可被作者瞒蔽’，‘几被作者瞒过’，‘方不被作者愚弄’，‘不要看这书正面，方是会看’，‘一部书全是……反面春秋’之类的话语者，共三十多条”①。这些点评，都是在《石头记》正文“真事隐”叙事的同时，透露家族史的记忆真实，进行显性叙事。“这书正面”是假语村言，而这书的反面是什么呢？笔者以为就是脂批，因为它“褫其华衮，示人本相”。

六　批书人即作书人

1928 年，胡适说：“脂砚斋是同雪芹很亲近的，同雪芹弟兄都很相熟”，“他大概是雪芹的嫡堂弟兄或从堂弟兄……也许是曹颙或曹颀的儿子”，“脂砚斋是他的别号”②。1933 年，胡适看了抄本《庚辰本》后，他明确提出：“我相信脂砚斋即是那位爱吃胭脂的宝玉，即是曹雪芹自己。”③ 此洵为卓见。

作为评点者，脂评作者最大的独特性在其一直在谈“如何写”，而其他文学批评家则多在谈“如何读”。这当然不能证明批书人即作书人，可是，这一特异性却值得深思。此其一。第二，多条脂批透露了《石头记》作者的写作背景、创作意图和事件真相，这也是其他评点者不可能、实际上也没有的事实。第三，最为关键的证据是《石

① 曹毓生：《脂评“瞒蔽”辨》，《湖北师范学院学报》1987 年第 1 期。

② 胡适：《考证〈红楼梦〉的新材料（二）》，《胡适全集》第 3 卷，安徽教育出版社 2003 年版，第 404、405 页。

③ 胡适：《跋乾隆庚辰本脂砚斋重评〈石头记〉钞本》，载《红楼梦研究参考资料选辑》第 1 辑，人民文学出版社 1973 年版，第 85 页。

头记》文本内的直接证据或间接证据。

《脂砚斋重评石头记》第十七、十八回写道："那宝玉未入学堂之先，三四岁时已得贾妃手引口传，教授了几本书，数千字在腹内了。"脂评侧批云："批书人领至（过）此教，故批至此竟放声大哭，俺先姊先（仙）逝太早，不然余何得为废人耶？"[①] 书中（贾）宝玉即石头、石兄、玉兄，即《石头记》的作书人，而这里的"批书人"批阅至此竟然大哭，缘由是"批书人领过此教"。到底是批书人还是作书人呢？如此说来，批书人不就是小说中的宝玉吗？也就是说，批书人就是作书人。

《石头记》真正的出彩处多是人情物理上的真实。来自日常生活的真实，才能通达人情物理上的通性真实，即脂评在多处所说的"非经历过如何写得出"。由此可知，作书人是过来人的记录者，而批书人至少也是经历过的，否则他如何得知作书人是经历者？前引之文绝非孤证，而是比比皆是、举不胜举。内证最具有说服力。再如，小说《石头记》写道："小太监出去引宝玉进来，先行国礼毕。元妃命他近前，携手拦于怀内……"脂评侧批云："作书人将批书人哭坏了。"[②] 谁是作书人？谁是批书人？难道不都是书中的"宝玉"吗？

《石头记》第二十二回写道，（贾母）"便命凤姐点。凤姐亦知贾母喜热闹，更喜谑笑科诨，便点了一出《刘二当衣》"。脂评云："凤姐点戏，脂砚执笔事，今知者聊聊（寥寥）矣。"[③] 当时情境，王熙凤点戏，贾宝玉执笔。小说中的"宝玉"即石兄，即作书人。脂评中，多处以"石头""玉兄"或"石兄"指代《石头记》的作者。

---

① 曹雪芹著，俞平伯评：《红楼梦：俞平伯评点》，陕西师范大学出版社2010年版，第211页。

② 同上书，第214页。

③ 同上书，第261页。

脂批曾云《石头记》乃“自譬石头所记之事”。脂批在这里说“脂砚执笔”，从而亦可知脂砚斋就是石兄，批书人即作书人。脂砚斋评点《红楼梦》，是不是犹如孔尚任自评其《桃花扇》?

庚辰本《石头记》第二十三回，脂评针对贾宝玉一听到老爷叫就“好似打了个焦雷”批道：“多大力量写此句。余亦惊骇，况宝玉乎！回思十二三时，亦曾有是病来。想时不再至，不禁泪下。”[①]《石头记》是石兄、宝兄之所记录，贾宝玉即石兄也。而这里的批语所说的却是自己，从而推知，批者即作者也。

《石头记》的书名，小说作者作了再三的斟酌。即以东鲁孔梅溪题曰《风月宝鉴》而言，就深寓作者的忧虑。第十三回，秦可卿赠王熙凤两句诗云：“三春去后诸芳尽，各自须寻各自门。”甲戌侧批云：“此句令批书人哭死。”甲戌眉批云：“不必看完，见此二句，即欲堕泪。梅溪。”[②] 这里的批书人为谁？甲戌眉批云：“雪芹旧有《风月宝鉴》之书，乃其弟棠村序也。今棠村已逝，余睹新怀旧，故仍因之。”这里的“余”又是谁？小说作者唯恐《石头记》不能够传世，因此杜撰出了“恐没戏”的谐音“孔梅溪”；又特意点出“东鲁”，因为东鲁的孔子世家与儒家思想、道学思想存在着千丝万缕的联系。红学家曾做过考证，孔子世家中没有一个叫做“孔梅溪”的人。这是可以推想到的，因为《石头记》本来就是“假语村言”。《金瓶梅》不是假借着伦理道德的大纛方可流传吗?《金瓶梅》东吴弄珠客的序言不是说了吗？“作者亦自有意，盖为世戒，非为世劝也。”《石头记》在作者看来，要想流芳百世，还得为风月鉴，即色戒：为了弘扬伦理道德之正义、针砭色情之痼疾，“恐”小说“没戏”传世，作者

① 曹雪芹著，俞平伯评：《红楼梦：俞平伯评点》，陕西师范大学出版社 2010 年版，第 275 页。

② 同上书，第 155 页。

曾为小说拟名为《风月宝鉴》。这是不是也可以证明《石头记》中的一系列作者姓名和批者姓名，其实仅仅是小说作者一人而已？

《石头记》第四十一回，脂评云：“尚记丁巳春日谢园送茶乎？展眼二十年矣。丁丑仲春，畸笏。”① 请注意，这里的脂批作者是“畸笏（叟）”，而他说的妙玉泡茶或送茶一事的关系人是“宝玉”。从而可知，畸笏叟即年老时的“宝玉”，而后者则是作书人，因此畸笏叟不是他人，而是批者，也是作者的笔名之一。《石头记》第六十三回写道：（妙玉）“常赞文是庄子的好，故又或称为‘畸人’。他若帖子上是自称‘畸人’的，你就还他个‘世人’。畸人者，他自称是畸零之人；你谦自己乃世中扰扰之人，他便喜了。”② 评点者畸笏叟之“畸”，是不是就是《石头记》此处的“畸”？

他如：“此语犹在耳。”“批书人也是这样说。”“麝月娴娴无语，令余酸鼻，正所谓对景伤情。丁亥夏，畸笏。”“作者欲瞒看官，又被批书人看去，呵呵。”“倒卷帘法，实写幼时往事，可伤。”“又用讳人语瞒着看官。”“袭卿之心，所谓‘良人所仰望而终身也。’今若此，能不痛哭流涕，以成此语？”“真有此情，真有此理。”“读五件事未完，余不禁失声大哭。三十年前，作书人在何处耶！”“旧族后辈受此五病者颇多，余家更甚，三十年前事，见书于三十年后，令余想（悲）恸，血泪盈面！”“余三十年来，得遇金刚之样人不少，不及金刚者亦不少，可惜书上不便历历注上芳讳，是余不是心事也。”“伤哉！作者犹记矮蓌舫前以合欢花酿酒乎？屈指二十年矣。”“‘树倒猢狲散’之语，今犹在耳，屈指三十五年矣。哀哉伤哉，宁不痛杀！”“余亦受过此骗，今阅至此，赧然一笑。此时有三十年前向余

① 曹雪芹著，俞平伯评：《红楼梦：俞平伯评点》，陕西师范大学出版社 2010 年版，第 487 页。

② 同上书，第 789 页。

作此语之人在侧，观其形已皓首驼腰矣，乃使彼亦细听此数语，彼则潸然泣下，余亦为之败兴。”诸多批语，都是作书人口吻，都是经历者追忆，都可以证明批书人即作书人。

如果曹雪芹与脂砚斋是两个人，那么为什么《石头记》的十几种抄本——除“舒序本”与“郑藏本”以外——中都同时有脂评？难道作者每一次改写，依据小说文本的说法是“批阅十载，增删五次”，评点者也跟着进行了十载批阅和评写？小说在当时为“不登大雅之堂”之物，不能与诗文同日而语，与名利亦无关，哪来两个人甚至是多个人饱食终日无所事事进行一部小说的撰与批？遑论《石头记》的作者穷困潦倒、过午不食？据脂批，脂砚斋至少“四阅评过”。评点者能有这么空闲吗？退一步说，即使作者、批者是两个人，而在客观事实上，他们也是一起同时在创作。况且，八十回本《石头记》是一部没有写完的小说，脂评何以知道尚未创作的作品意图和叙述安排呢？试问，如果是两个人，评点者的未卜先知何以可能？如前所述，《石头记》甲戌本“凡例”第五条，在庚辰本中竟然成了“此开卷第一回也”领起的近四百字的正文。甲戌本第二回正文前有两段脂评，而在庚辰本中它们都成了正文。古代中国文人固然没有版权意识，可是也不至于将“撰作”与“批评”混为一谈。而事实上的这一混淆，只有一个可能，那就是评点者与创作者实为一人？

批书人一方面说“非从首至尾阅过，复从首加批者”①，另一方面又常常说“看过后文则知矣”②。类似自相矛盾处颇多见，这也是小说作者“用画家烟云模糊处”，又是《石头记》“有隐有见”叙事之一致性。由此可见，脂批既可作内证，然而又不能迷信它说过的每

① 曹雪芹著，俞平伯评：《红楼梦：俞平伯评点》，陕西师范大学出版社2010年版，第18页。

② 同上书，第240页。

一个字。脂批中的“自执金矛又执戈，自相戕戮自张罗”[①] 云云，难道不是“夫子自道”或“自露家底”吗？

七 结语

综上可知，《石头记》的脂批，具有叙事之功效。脂评是元叙事、显性叙事、《石头记》的副文本、“写法”而非“读法”的指南，不时地作叙事广告，从而可推知《石头记》的批书人即其写书人。从这个角度来说，《红楼梦》的出版，似乎不宜仅仅刊印其白文，而是应将前八十回的脂批也全部加上。毕竟，脂批参与了《脂砚斋重评石头记》的创作，是小说文本不可或缺的一部分。

① 曹雪芹著，俞平伯评：《红楼梦：俞平伯评点》，陕西师范大学出版社 2010 年版，第 245 页。

沈从文的“乡下人”问题新论

沈从文自称“乡下人”的问题，迄今为止，已经有了精深广博的研究，多有名家或专家从不同的角度对它进行了解读和阐释。然而，乡下人之于沈从文究竟是他者凝视的内化，他者凝视的抵抗，还是二者合力的结果？这个问题尚未被专家学者所论析，因此有进一步探讨的必要性。

一　他者凝视的内化

何谓“他者凝视的内化”？要言之就是认同他者的价值观，并将其内化为自己的价值观。具体到乡下人而言，那就是：你看我是一个乡下人，好，那我就处处表现为乡下人，刻意地以乡下人的面目在世，将自己真正规训为乡下人。他者凝视的目光带有敌意，然而被凝视者往往不纯粹是人们想当然以为的奋起抵抗，反而是迎合、讨好和内化，将凝视者的意图转换为自己的意愿，使之成为惯习、内化为意志，从而与之形成共谋。这种共谋便是社会性区隔结构的生产机制。

在中国现代性的进程中，城市与乡村的分化，是他者凝视制度化之一种。它区隔了种族、民族、阶级、经济、文化，表征着文明与野蛮、上流社会与社会底层、文化与愚昧之间的壁垒。于是，在凝视与被凝视之中，既生成了认同、默契，也生产着反抗和暴力。作为无形的手，城乡区隔意识作为国家机器的一种机制在阶级社会里自由地运转着。

沈从文为何自称“乡下人”？罗宗宇在《论沈从文“乡下人”自我认同的形成》中梳理了“乡下人”这个称谓的缘起、演变和发展[①]。沈从文第一次到北京，见到姐夫田真逸，姐夫称呼他为“乡下人”[②]。这可能是沈从文第一次被称为“乡下人”？此时的乡下人，一般说来，应该指的是它字面意义的乡下人，即质朴、憨厚、纯粹。从历史上看，在湘西的家中，沈家家境殷实，乡情融洽，亲情怡怡。然而，在大城市北京，据相关文献可知，沈从文住在简陋的宾馆，衣衫单薄，饥寒交迫且屡遭人白眼，“乡下人”的称呼与那些以神情意气或身体语言来表述的带有蔑视口吻的“乡下人”，在沈从文的内心刻上了深深的烙印。乡情的温暖和醇厚与都市里的势利、浇薄，形成了鲜明而深刻的对比，以致到了1933年12月，沈从文还说：“在都市住上十年，我还是个乡下人。”[③] 1988年，是沈从文人生的最后一年，他在《自我评述》中总结说：“我人来到城市五、六十年，始终还是个乡下人，不习惯城市生活，苦苦怀念我家乡那条沅水和水边的人们，我感情同他们不可分。”[④] 思念故乡，本乃人之常情，可是，如沈从文者，如此深情却是源自他者凝视的后果。毋庸置疑，沈从文的确认同自己是一个乡下人。

① 罗宗宇：《论沈从文“乡下人”自我认同的形成》，《民族文学研究》2009年第3期。

② 沈从文：《沈从文全集》第13卷，北岳文艺出版社2002年版，第375—376页。

③ 沈从文：《沈从文全集》第16卷，北岳文艺出版社2002年版，第324—325页。

④ 沈从文：《从文自传》，人民文学出版社2016年版，第122页。

那么，沈从文自称的“乡下人”，其具体的所指是什么呢？或云苗民，如凌宇认为沈从文“所自称的‘乡下人’，并非一般意义的乡下人，而带有明确的少数民族含义”①。1931年，沈从文在《写在“龙朱”一文之前》中说：“这一点文章，作在我生日，送与那供我生命的父亲的妈与祖父的妈，以及其同族中仅存的人一点薄礼。血管里流着你们民族健康的血液的我，二十七年的生命，有一半为都市生活所吞噬，中着在道德下所变成虚伪庸懦的大毒，所有值得称为高贵的性格，如像那热情、勇敢、诚实，早已完全消失殆尽，再也不配说是出自你们一族。”② 这里的“你们民族”指的就是苗族，沈从文对自己苗裔血统的认同，内含着对都市文明的深深的怨恨和鄙视，以及对苗民“热情、勇敢、诚实”品行的追怀和讴歌，从而沈从文自称的“乡下人”有时候在特定语境中也指的是苗民族。

沈从文自称的“乡下人”，或云住在下河的人，或云非汉民族出身者，或云湘西化的乡下人，或云乡下人，“倾注着对民族文化心理、人类文明前景的关注与思考”③。我以为，沈从文自称的“乡下人”，是与文明人、知识人、都市文化人之卑劣面相对者。然而，这个“乡下人”，在不同的历史时期，在具体的政治斗争生态中，在实际语境里，其内涵和外延的具体所指又是不完全相同的。

沈从文自从旅居北京到晚年，他一直自称“乡下人”。这难道是乡土精神的固守吗？还是在都市被其文化凝视后的悲愤？他心中的故土是现代文明进程中的精神家园吗？北京如此之大，难道没有一个精神安顿之处？他希望建构的“人性的希腊小庙”在地化为湘西世界，

① 凌宇：《从〈边城〉走向世界》修订本，岳麓书社2006年版，第423—424页。

② 沈从文：《沈从文文集》第3卷，花城出版社1984年版，第362页。

③ 赵学勇：《“乡下人”的文化意识和审美追求——沈从文与贾平凹创作心理比较》，《小说评论》1994年第4期。

以此来批判城里人的道德堕落？理想主义引导作者在高唱民族的希望之歌？然而，沈从文所讴歌的，其实是虚构的幻相，是贬斥城里人的乌托邦，是对少年乡情的梦忆。拉康说过，只有在梦里才能真正接触到现实。沈从文湘西世界之梦中的现实又是什么呢？

他者凝视，是一种社会区隔机制，这种机制制造社会阶级、阶层、等级的区隔，在制造的过程之前、之中和之后，通过话语和话语实践，使得人们（无论是凝视者还是被凝视者）认同它、遵从它，并内化为自己的行为。他者凝视内化，实质上是一种自我的囚禁。在生存或生活中，不仅他者凝视、压迫、禁锢自我，而且自我也常常由于他者凝视内化而自我否定、自虐、自残，并很享受这种自我摧残（这是最可怕的），从而丧失了自我。他者的价值观一旦被内化往往成为自我的囚牢。其中一个较典型的案例，就是斯德哥尔摩综合症，被害人对罪犯产生了感情，心甘情愿地帮助罪犯。正是由于凝视内化而认同，从而导致底层、被压迫者、边缘人等安于现状、自甘凌辱，甚至为虎作伥。他者凝视的认知，有助于解放被凝视所导致的奴役。

五四新文化运动以来，中国的乡村社会成为被西方文化凝视的对象。于是，农民的愚昧、麻木、落后成为现代作家反省、讥讽、批判的书写对象。乡下人的国民劣根性，成为作家们口诛笔伐的对象。这当然是现代性中国所需要的，可是，实事求是地说，现代作家对乡下人的批判，也不无矫枉过正之处，被凝视的所谓劣根性被放在了显微镜下面无限地放大。污蔑尽现在，同时也扼杀了未来。可是，与那些启蒙作家不同的是，沈从文似乎是其中的异类（他也偶一为之，如其作品《丈夫》）。他在反思乡土社会，但是没有批判乡下人；他在进行思想斗争，但是锋芒所指却是城里人，尤其是城里的文化人。他在北京城经历过的饥寒交迫，促使他潜意识地建构了桃花源式样的湘西世界乌托邦。他在繁华都市里遭遇的冷落、歧视和嘲讽，促使他有意识地建构了乡下人的道德高标。他在功成名就之后，仍然不认可都市知识分子的立场，这是他的思想习性使然。他者凝视，重铸了沈从文自称“乡下人”的文化精髓。

都市文明与乡土文化，是假设的建构的二元对立，它们的矛盾冲突，既有无可否认的真实的成分在，又是一种人为空想的对立状态，实际情况，要复杂得多。沈从文的乡土情怀，不是湘西世界的原生态，不是湘西人的本然，而是一种梦境，一种斗争策略，一种情感寄托。沈从文笔下的湘西世界不是一个真实的现实世界，也不是一个纯粹无中生有、用文字虚构的乌托邦或桃花源，而是亦真亦假、实幻兼在的第三空间。沈从文将湘西世界美好化、绝对化和理想化，在其作品中为我们展现了一幅美轮美奂的纯情景观。沈从文所厌恶的城里人自古以来就是城里人吗？作为美德化身的乡下人永远是乡下人吗？城镇化使得乡下人可以转变为城里人；而城里人三代之前大多是乡下人。难道城里人都是虚伪、狡诈，精神被阉割了吗？难道乡下人都是淳朴、真情、雄强吗？沈从文恐怕也不会绝对化吧？

我们如果辩证而全面地看待都市文明，那么沈从文是不是夸大了甚至是绝对化了都市文明的负面性、阴暗面和阴影。客观地说，沈从文对都市文明和城市知识分子的看法是不是有点偏激？不错的，这一点毋庸置疑。然而，回到历史语境，就会发现这种偏激不是无缘无故的，它是被侮辱、被欺负、被歧视之后的反弹。面对现实，回到湘西，就会发现这全然不是梦中的美好的乡土世界，与其他地方一样也存在着麻木、愚昧和巧诈，而所有这些，在沈从文看来就是文明带来的后果。

乡下人与城里人、野蛮与文明等的对立，其实，在沈从文这里，根本就不是抽象的，而是具体的；不是非此即彼的，而是相互纠缠的；不是超功利的，而是政治的。虽然，他本人认为乡下人的立场是超政治的，但是，从根本上来说，他的乡下人的立场也是现实政治的，是脚踏在大地之上的，不是在空中虚无缥缈的。沈从文一贯地反对政治功利主义，这本身就是一种政治。他认为乡下人具有“农民的保守性”，其实它是城里人的另一种政治，只不过以乡下人的面目来命名罢了。城里人尤其是城里的知识分子在沈从文看来，就是“党派帮伙的包庇”，是政治帮派，是文坛里的圈圈或摊摊，是掌握着话语权的棍子。自称“乡下人”的沈从文，究竟是否持有乡下人的“务实的保守性”（夏志清语）？施蛰存认为沈从文是保守的，尤其是在政治上，他说：“沈从文不是政治上的反革命，而是思想上的不革命。他不相信任何主义的革命能解决中国的问题。”①

沈从文所反感的理论家或文学批评家，对他的批评，从历史上来看，其实在某种程度上反而起到了正面的积极的作用。从此，沈从文也在反思他过去的湘西世界叙事是不是过于理想化、美好化，是不是闭上眼睛看不见乡下人的愚昧、保守和固执？从而自觉地关注农村里的悲惨境遇、阴暗、落后、麻木等实在的另一面。然而，沈从文委实在性格上具有乡下人的“顽固”，难忘初心，坚持己见：不久，他就又回到了他的湘西世界之美轮美奂，坚守对乡下及乡下人之梦境的叙述。《新废邮存底·四十二·经验不同隔绝了理解》与《两般现象一个问题》便是明证。

称谓上如乡下人与城里人的冲突，是沈从文所生活的那个时代的现实政治的体现。“贩卖乡土神话”、“牧歌情致的神往”、净化过的湘西世界、精致如诗的人性“希腊小庙”等在阶级斗争、民族战争时期，难免遭到文学批评家尤其是左翼文学批评家的批评。可是，这

① 施蛰存：《滇云浦雨话从文》，载孙冰编《沈从文印象》，学林出版社 1997 年版，第 30 页。

些批评，难道都是错误的吗？解志熙认为，20世纪40年代，沈从文“对革命的不理解以至反对”是一个事实①。

沈从文自称“乡下人”，是他者凝视内化后的自我表述，是对他与自称“城里人”的文学批评家、“农民文学家同革命文学家”等人有着人事纷争所做的一种回应。例如，1937年李健吾在比较沈从文的小说与芦焚的《里门拾记》时说：“读完了之后，一个像我这样的城市人，觉得仿佛上了当……”语气与行文虽然含蓄委婉，但是对文字极为敏感的沈从文，不会不知道李健吾批评的真实意思。尤其是李健吾自称“一个像我这样的城市人”，沈从文不会不觉得刺心。诸如此类的论争，必然会加强沈从文对城市人的厌恶、鄙视甚至是痛恨；同时，也强化了他对理想中的乡下人的自附、认同甚至是偏爱。

我们不能因为研究沈从文，就偏袒他。实际上，他对所谓的“从政”的空头文学家之暗讽明刺，如指责“滥用作家名分作政客活动”或作者与作品“成为宣传点缀物”云云②，多出于乡下人的偏见。这是一种抽身于政治活动的肤廓迂远而不切实际的论调。这或许展现了沈从文他者凝视内化的结果，即不能完全克服乡下人的偏狭、自私和固执。

二　他者凝视的抵抗

上文所谓“他者凝视的内化”就是你说我是乡下人，好，我就是一个乡下人；乡下人怎么做，我就偏偏那么做，甚至是夸大地做。这是认同，也是内化，与他者凝视形成一种共谋机制，生成被凝视之后

① 解志熙：《“乡下人”的经验与“自由派”的立场之窘困》，《中国现代文学研究丛刊》2008年第1期。

② 同上。

的身份。那么，什么是“他者凝视的抵抗”呢？虽然沈从文自称“乡下人”，可是从内心里，沈从文认为：我是乡下人，可不是农村里那些愚昧、落后、麻木的乡下人，而是别一种乡下人，比你们都市知识分子还高尚、还本然、还真诚的乡下人。这是对乡下人身份的一种新的赋义。对一个词语进行新的赋义，总是一种时空结构中的反抗。沈从文自称的“乡下人”，本质上是一种反抗和抵抗，是他对城里人所嘲讽的“乡下人”身份的重新赋义，是他对城市知识分子的蔑视、嘲弄和反击。

乡下人之乡下，对沈从文而言，就是湘西。然而，抗战期间，人们对湘西有一种妖魔化的想象。何小平认为，沈从文笔下的湘西世界，其实是湘西的民族志书写。[①] 沈从文为了让人们对作为异文化的湘西有一个客观准确的认识，特别是破除普通民众对湘西的四个误解，即湘西是个“匪区”、交通险恶、武陵桃花源、文化低等，于是创作了《湘西》以推介湘西文化。民族志书写的解读，也很好地回答了沈从文何以美好化乡下人这个问题。

沈从文自称“乡下人”，是对其身份的自我划界、确认、认同，也是对所谓都市文化人的不屑、鄙视甚至是鞭挞。沈从文是将自己看作农民或水手这样的乡下人吗？显然不是的，他口中的“乡下人”，实际上在内涵和外延上都被他赋予了新义。乡下人的重新赋义，是沈从文自信、坦然和认同的心理基础。1936 年，沈从文说：“我实在是个乡下人。说乡下人我毫无骄傲，也不在自贬，乡下人照例有根深蒂固永远是乡巴佬的性情，爱憎和哀乐自有它独特的式样，与城市中人截然不同！他保守，顽固，爱土地，也不缺少机警却不甚懂诡诈。”[②]

---

① 何小平：《论沈从文〈湘西〉的民族志书写》，《民族文学研究》2013 年第 3 期。

② 沈从文：《从文小说习作选·代序》，《沈从文文集》第 11 卷，花城出版社 1982 年版，第 43 页。

沈从文所认同的乡下人身份是他重新赋义的那个“乡下人”，是对已经异化的都市人的讥讽和嘲笑，是对自命不凡的病态城里人的鄙视，是一种自信地对都市知识人或文化人的反讽。从他的文字可知，沈从文崇奉生命的本真，信仰生命原生态的理想，创作了书写人性美的篇什。可是，现实仍然是乡土与都市、优美而自然的人性与异化而病态的人性、野蛮与文明二元对立吗？自私、贪婪、冷漠、虚伪、怯懦、庸俗、喜欢占小便宜等市侩习气，与湘西世界中的本然、豁达、真诚、热心、大方、共享心态等乡下人心态相比，孰高孰下，自然是不言而喻。沈从文写道：“故乡山川风物如此美好，一般人民如此勤俭耐劳，并富于热忱与艺术爱美心，地下所蕴聚又如此丰富，实寄无限希望于未来。”① 沈从文自称“乡下人”是对真善美化身的乡下人的自指。

从本质上来说，当人们言说他者或者过去自我的时候，其实都是当下自我的言说。他者、过去的自我都是当下自我镜像的投射或反照，它所影射的是主体的当下性。

沈从文反对文学的商业化和政治化，孤立地看，固然有其道理，却凸显了他的不合时宜和不懂政治，也表明了他的乡下人的真实禀性。沈从文曾说过：“我是个乡下人，走到任何一处照例都带了一把尺、一把秤，和普遍社会总是不合。”② 这里的“乡下人”，即拥有健康人生观的人。与之相对的都市人，在沈从文看来其人生观是不健康的，何以见得？沈从文认为，城里人少年时，压抑性欲；中年时，献媚权势；老年时，限于体力。这种城里人的人生观，是“唯实唯利庸俗人生观”③，因而是不健康的、不健全的、不人性的，因而是可鄙

① 沈从文：《湘行散记》，人民文学出版社 2016 年版，第 104 页。

② 沈从文：《水云》，《沈从文文集》第 10 卷，花城出版社 1984 年版，第 266 页。

③ 沈从文：《边城·题记》，北岳文艺出版社 2002 年版，第 5 页。

视的。

现实生活中的乡下人其实是内心里向往都市文明的。沈从文意识中的乡下人的理想，是不是对现代文明阴暗面的一种抵抗？现代文明的发展，所带来的道德沦丧、唯利是图、鲜廉寡耻、蝇营狗苟等，在沈从文看来，都是都市之罪，是文明恶之花，是清新的湘西世界的相对和反面。

沈从文自称的"乡下人"，是与城市文化人相对的乡下人，他说："在一般城里知识分子面前，我常自以为是个'乡下人'，习惯性情都属于内地乡村型，不易改变。"① 从中显而可见，乡下人与城里知识分子是相对的；沈从文的表述是含蓄的，不是直白的；以乡下人自居，不是矫情，不是顺从，而是抵抗。在沈从文看来，《八骏图》中的那些教授们，比娼妓等而下之。部分原因也在于，城市里的大学教授认为讲写作课的沈从文没有学问、没有知识、没有文化，将其视作"乡下人"。于是，沈从文自称"乡下人"就成为一种认同中的叛逆。

城里人看不起乡下人沈从文。可是，沈从文骨子里还看不起那些自命不凡的教授们，他对都市知识分子有一种偏见，将其称为加上引号的"高等人""知识阶级""衣冠社会"。沈从文追求的是自然本色的身心健康的真人、全人，他反对的是那些拿腔作势、虚情假意、矫揉造作的伪君子，反对经济单向度的人，反对被资本、技术、意识形态所异化的人。而他自称的"乡下人"，在其潜意识里就是"全人""自然人""真人"。这是对"乡下人"在具体历史语境中的重新赋义，赋义本身就是一种对被凝视的抵抗。

从"性"的角度界定人的身份是 19 世纪以来的事情，而从

① 沈从文：《新湘行记》，《沈从文文集》第 10 卷，花城出版社 1984 年版，第 196 页。

"性"的书写来反抗资本主义对人的异化，则是一种斗争的策略和手段。劳伦斯的《查特莱夫人的情人》叙述了查泰莱爵士在第一次世界大战中受伤瘫痪、阳痿，其妻康丝坦丝与园丁帕尔金之间的婚外性便反抗、批判了资本主义对人异化的罪恶。1949 年，郭沫若将沈从文划为"桃红色"作家一类。[①] 沈从文曾受人诟病的情爱小说，不可否认的是具有"桃红色"的氤氲，然而，也具有《查特莱夫人的情人》对资本主义文明进行的反思、抵制和反抗。从"性"界定自由、天然、真实的人性，这是沈从文《采蕨》《雨后》《神巫之爱》《阿黑小史》《龙朱》《月下小景》等小说的共性。"桃红色"是沈从文这些小说的表象，其实质是对乡下人凝视的抵抗。

三　结语

沈从文自称"乡下人"，在某种程度上成了沈从文湘西世界美好记忆的生产机器，是他自我身份的另一种确认和言说，是抵抗他者凝视的意识革命。沈从文自称"乡下人"，是当时现实政治斗争的一面旗帜，是对论敌即城市知识人的痞子腔，是乡土小说家的别称。然而，乡下人与城里人的对立，既是政治斗争，又是思想斗争和文化斗争，其间充满了纠缠的复杂性和杂糅性，即使是今天，我们依然难以对他们以称谓为表象的政治斗争明辨是非。脱离历史语境的价值判断，往往是当代史政治斗争的设置。

面对近代文明在中国的进展，随着现代性的生长和蔓延，现代性带来的乡村家园的衰败、拜金主义的流行、功利现实主义、虚伪猥

① 郭沫若：《斥反动文艺》，《沫若文集》第 13 卷，人民文学出版社 1961 年版，第 528 页。

琐、工具算计理性等为乡下人沈从文所鄙视、反思、批判。沈从文生于斯长于斯的湘西世界，乡下人是那么能吃苦耐劳、和善朴素、热忱助人、慷慨好义、负气任侠……简直与城里人尤其是城里的文化人形成了黑白判然的区分。在城里人他者凝视之下，沈从文认同、坚守乡下人诸如“朴质、勤俭、和平、正直”的个性，并对湘西世界的劳动人民同情、怜悯、追怀和赞美。在反他者凝视中，在对病态都市文明的批判中，沈从文认同、确认和自豪于其“乡下人”的作家身份。

他者凝视的认同机制，强化了沈从文“乡下人”自我的认知以及对湘西世界的诗情画意的追忆和书写。他者凝视的抵抗机制，促成了沈从文对城市知识人或文化人的反击、对现代文明丑恶面的批判和对暴力革命的抵触：他者凝视的内化与抵抗机制，其合力成就了沈从文“乡下人”的自谓和骄傲。